和明白人说话，
和踏实人做事，和厚道人谈情

哲思·交往卷

○人民论坛网　编著

人民日报出版社
·北京·

图书在版编目（CIP）数据

和明白人说话，和踏实人做事，和厚道人谈情 / 人民论坛网编著 . —北京：人民日报出版社，2022.12
（哲思 . 交往卷）
ISBN 978-7-5115-7560-9

Ⅰ.①和… Ⅱ.①人… Ⅲ.①散文集—中国—当代 Ⅳ.①I267

中国版本图书馆 CIP 数据核字（2022）第 209952 号

书　　　名：	和明白人说话，和踏实人做事，和厚道人谈情（交往卷）
	HE MINGBAIREN SHUOHUA, HE TASHIREN ZUOSHI, HE HOUDAOREN TANQING
编　　　者：	人民论坛网编著
出 版 人：	刘华新
策 划 人：	欧阳辉
特约策划：	陈阳波　王　慧　杜凤娇
责任编辑：	寇　诏
文字编辑：	杨冬絮
特约编辑：	翟羽佳　常　嫦　王思楠　王　爽　银冰瑶　曲统昱　刘　璇
封面设计：	观止堂＿未氓
版式设计：	陈　琳
插图来源：	摄图网　千图网

出版发行：人民日报出版社

社　　址：	北京金台西路 2 号
邮政编码：	100733
发行热线：	（010）65369509　65369527　65369846　65369512
邮购热线：	（010）65369530　65363527
编辑热线：	（010）65363105
网　　址：	www.peopledailypress.com
经　　销：	新华书店
印　　刷：	北京博海升彩色印刷有限公司
法律顾问：	北京科宇律师事务所　（010）83622312

开　　本：	880mm×1230mm　1/32
字　　数：	81 千字
印　　张：	7
版次印次：	2023 年 3 月第 1 版　2023 年 11 月第 2 次印刷
书　　号：	ISBN 978-7-5115-7560-9
定　　价：	49.00 元

目录

A 圈子虽小，干净就好

你朋友圈的平均水平，就是你的水平 / 3

余生，去靠近拥有正能量的人 / 7

爱做饭的人，最值得深交 / 10

能成大事的人，都懂得"麻烦"别人 / 14

真正的朋友：合于"三观"，见于危难，敬于人品 / 18

相处不累，才是最好的关系 / 23

和明白人说话，和踏实人做事，和厚道人谈情 / 26

真正聪明的人，都放弃了这些无效社交 / 30

这样说话的人，一定不要深交 / 34

现实中 25 条社交规则，适合所有年龄段 / 38

B 你是谁,就会遇见谁

灵魂相似的人,总会相逢 / 47

彻底看清一个人的 4 个瞬间 / 50

惊人的磁场定律:你是谁,就会遇见谁 / 54

你的社交圈,决定你的层次 / 57

《红楼梦》告诉我们的 3 条社交规则 / 60

随和,是一种被低估的能力 / 65

离你最近的人,决定着你的人生走向 / 68

一个人是否值得深交,就看这 3 点 / 72

请远离不停消耗你的人 / 76

社交中的 5 条黄金定律 / 80

C 慢一点的关系，更长久

人与人之间，最长久的关系是…… / 89

好的感情，是相互成就 / 92

与人相处，让人瞬间清醒的 3 句话 / 95

看不惯一个人，无须翻脸 / 99

相处舒服，才是最理想的社交状态 / 103

不必和任何人都熟得太快 / 107

一个人靠不靠谱，就看这 8 个细节 / 110

真正聪明的人，懂得"冷处理" / 115

深层次的善良，是一种智慧和能力 / 119

关于人性的 12 个真相，看完恍然大悟 / 122

D 珍惜才配拥有，在乎才会长久

余生，请找一个和你频率相同的人 / 133

别轻易弄丢那个对你好的人 / 136

朋友间关系再好，也别忽略这些细节 / 139

一段久处不厌的关系，离不开这 4 点 / 143

人与人相处，最怕"有话不说" / 146

成年人理想的社交状态：找到"三座靠山" / 150

高级的修养，是看谁都顺眼 / 153

人到中年，需要这 3 个知己 / 157

真正的高贵，是把别人放在心里 / 160

15 个简单却警醒的定律 / 162

E 边界感决定人际关系的高度

与人交往,尽量少说 3 件事 / 175

好好说话,是一个人难得的修养 / 178

无论和谁交往,在这 4 件事上千万不要太"大方" / 182

让人瞬间清醒的 3 个社交真相 / 186

看清一个人的最好方式 / 189

别高估人际关系,别低估人性规则 / 194

再好的关系,也不要忽视这些底线 / 197

弥足珍贵的友谊:无言付出,温暖以待 / 201

好的关系:相互滋养、相互成就、彼此不累 / 205

人际交往中的黄金法则 / 208

A

圈子虽小,干净就好

你朋友圈的平均水平，就是你的水平

"你朋友圈的平均水平，就是你的水平。"这句话很好地诠释了"物以类聚，人以群分""近朱者赤，近墨者黑"。

成年人的社交智慧，在于辨明身边的"朱者"和"墨者"，并对以下五类人敬而远之。

道德绑架的人

人性都有贪婪的一面，有些人总把别人对自己的好当成理所应当，个别人甚至有恩将仇报的行为。

电视剧《都挺好》里的苏家舅舅从小被姐姐疼爱，在他心中，姐姐给他钱是理所当然的。后来，苏明玉翻看母亲生前的账本，发现这些年舅舅家共欠苏家20万元。面对这一事实，苏家舅舅还狡辩："记账归记账，可是没说过要我还这笔钱啊。"

喜欢道德绑架的人，骨子里大多透着自私，凡事不为他人着想，不懂得感恩。

俗话说："斗米养恩，担米养仇。"别人帮你是情分，不帮是本分。行善是一种美德，但善良有尺，忍让有度。别把善良给了不知感恩的人，别把忍让给了道德绑架的人。

趋炎附势的人

《增广贤文》中有句话："贫居闹市无人问，富在深山有远亲。"亲戚尚且如此，更何况他人？

趋炎附势的人关心的是你的收入，在乎的是你的社会地位，和你的亲疏不是看情分，而是看境遇。在这些人眼中，周围的人只分为两种：一种是垫脚石，一种是绊脚石。当你风光无限时，他阿谀奉承，想来分一杯羹；当你跌入低谷时，他事不关己，高高挂起。如果有一个人因为你的地位和金钱接近你，切勿养虎为患，否则只会伤到自己。

触犯礼数的人

　　礼数是交往的基本礼仪,是维护关系不可或缺的重要因素。

　　现今,很多年轻人害怕走亲戚,因为一遇到亲戚,多半会被问到有关婚姻、工作等方面的问题。被问一圈下来,他们好像经历了一次"人口普查"。

　　每个人心中都有不愿被他人涉足的角落,哪怕对方的出发点再好,彼此的关系再熟,问得过多难免会令人尴尬,甚至会对人造成伤害。正如小品《一句话的事儿》里说的那样:"一句话能成事儿,一句话能坏事儿,一句话能产生一个和谐的社会。"一个懂礼数的人,说话有分寸,与之交谈如沐春风。

　　尊重彼此,做到凡事有礼数,是为人处世极为重要的修养。

搬弄是非的人

　　有些人喜欢将道听途说的消息配上自己的"加工"到处传播。其实,这是一种极不自信的表现。爱搬弄是非的人,自身往往存在同样的问题,只是通过这种方式加以掩盖罢了。

与其在别人面前闲言碎语，不如沉下心来，多察自身，多思己过。只有正视自我，做真实的自己，心灵才会更加清澈，才会真正做到闲谈莫论人非。

言而无信的人

人无信不立，业无信不兴。诚信，是人的立身之本。

人际交往中但凡涉及金钱，关系就会变得复杂。因为其中包含金钱账、人情账等，一旦过而不还，再好的关系也会因此灰飞湮灭。

《管子·枢言》中说："诚信者，天下之结也。"与人交往，贵在言而有信，否则就像破碎的镜子，里面的自己会面目全非。远离失信的人，成为靠谱的人，你的人脉才会越来越丰富。

余生，
去靠近拥有正能量的人

有句话说：择友乃人生第一要义。这世上千千万万人，不是每个人都值得交往。有些人，还是趁早远离为好。

"凝视深渊过久，深渊将回以凝视。"那些在潜移默化中消耗你能量的人，也会逐步把你同化。人要学会及时止损，而后才有能力涅槃重生。

抱怨，会消耗彼此的能量

常常抱怨的人说到底是自私的，他们只顾自己一饱倾诉带来的快感，而忽略他人的感受，平白无故地消耗别人的情感和时间。

很多人都知道恶语伤人是不可取的，殊不知过多的抱怨，也是一种伤人伤己的"恶习"。

有位作家说得很好:"负能量是在鞭笞别人的不好、责骂社会的不公;正能量是在讲完后告诉你,即使再苦,我依旧可以通过努力去改变一些。"

生活中每个人都会有不如意的时候,一次两次的抱怨是可以理解的,谁都需要发泄;但抱怨并不能解决任何问题,真正优秀的人不会只是原地踏步,而是会积极寻求突破口和转折点,让自己的人生朝着好的方向发展。

和一个能让彼此都变得更好的人在一起,更重要

一次,有档节目邀请中国女排前队长惠若琪,主持人问她:"是不是顶级的运动员在台上都不紧张?"惠若琪说:"你们看的人紧张,我们打的人反而不紧张。我们在比赛中会控制自己的情绪,传递给队友的一定都是正面的信息。"

郎平教练经常说:"当你的一个表情,或者一个动作,很消极的话,你会影响身边的人,队伍之间相互影响,整体气势就会降下来;但是,如果你给出更多正能量,或者积极的因素,那么整支队伍会变得更好。"

古人讲:"与善人居,如入芝兰之室,久闻而不知其香,即与之化矣。与恶人居,如入鲍鱼之肆,久而不闻其臭,亦与之化矣。"

和正能量的人在一起,你会学习对方的好习惯,会成长为更好的人。和正能量的人在一起,你会发现人生的美好,会感受到人生的意义。

当你身边的朋友都是心怀正能量的人,你对待生活的态度、为人处世的方式会变得乐观积极。久而久之,你的内心就会充满小太阳。

余生还长,请做一个正能量的人

很喜欢史铁生的一句话:"微笑着,去唱生活的歌谣。"心若向阳,无惧悲伤。

送你5个正能量小句子,愿你每天都有源源不断的能量:

·我将永远追随内心,披星戴月地奔向理想与自由。

·成为自己的英雄,不惧离别,不怕孤独。

·我很庆幸,万物众生中磊落做人,怀着诚恳,告诉世界何谓勇敢。

·且视他人之疑目如盏盏鬼火,大胆地去走你的夜路。

·愿一切我们为之努力的事情,都有一个浪漫且美好的结果。

爱做饭的人，
最值得深交

都说想要抓住一个人的心，就要先抓住他的胃。这话不仅适用于爱情，放在朋友交往中同样奏效。

爱做饭的人自带光芒，和他们在一起，一定很温暖。

爱做饭的人，大都有耐心

对于吃饭，无论中外，人们向来是花了大心思的。吃一顿饭大概要花 30 分钟，做一顿丰盛的正餐，通常要花上两三个小时。从去菜市场、超市买菜，到洗菜、准备配料、下锅，再到出锅，有着一道道工序。由此可见，做饭确实是件"麻烦事"，比起天分和技术，其实考验更多的是耐心。

没什么耐性的人大概只会觉得烦琐,而对于喜欢做饭的人来说,这是一种乐趣。能够沉得住气的人,比他人多了几分耐心,更好相处。

爱做饭的人,懂得付出

不知道你有没有这样的体验:当身边有了一个特别爱做饭的朋友,你的幸福感和体重都会直线上升。因为爱做饭的人,大多爱分享。

汪曾祺说过,最大的乐趣还是看家人或客人吃得很高兴,盘盘见底。做菜的人一般吃菜很少。"我的菜端上来之后,我只是每样尝两筷,然后就坐着抽烟、喝茶、喝酒。"从这点来说,愿意做菜给别人吃的人是比较大方的。

愿意与他人分享自己美食的人,大多心胸宽广,能够真诚待人。他们懂得关心别人,细心体贴。与这样的人相处,清爽、单纯,没有太多利益算计,他们交付的皆是温柔体贴的真心。

爱做饭的人，更爱生活

有个小女孩叫阿花，从五岁开始，她每天早上六点就站在厨房里做饭。她把嫩嫩的豆腐放在小小的手上，拿着菜刀轻轻切下，一边熬制酱汤一边尝着味道的浓淡，她甚至学会了自己种菜……

阿花的妈妈是一个癌症患者，当她知道自己时日无多的时候，便开始思考：如果有一天自己不在了，现在教孩子什么东西最重要？她想到了教阿花做饭。妈妈对阿花说："阿花，做饭这件事与生存息息相关，我要教会你如何拿菜刀，如何做家务。只要身体健康，能自食其力，将来无论走到哪里、做什么，都能活下去。"

妈妈教会阿花的，不仅仅是做饭，更是独自面对生活的勇气，是如何好好爱自己，是如何用纯真的笑容面对这个世界，从心中生长出力量，顽强地生活。

可见，会做饭，不只是一种生活技能，还是一种强大的心灵能量。

会做饭的人，走到哪里都能好好生活，即使再忙再累，也绝不亏待自己。逛街、买菜，给自己做出一点像样的东西。他们至少找到了一种方式，去和自己、和这个世界温柔相处，他们掌握了一种快速度过那些晦暗时刻的力量。

人活一世，活的是一饭一蔬，是当下和远方，也是自爱和爱人。能对自己好，对他人好，懂得咀嚼生活的平凡滋味，也能欣赏辽远开阔的远方，把生活过得热气腾腾，这样的人生就很好。

厨房的烟火气，是暖，是爱。愿你能珍惜每一份热气腾腾的饭菜，珍惜那个愿意为你洗手做羹汤的人。

能成大事的人，
都懂得"麻烦"别人

做人要自力更生，不到万不得已，不要轻易麻烦别人。认同这句话的人，往往也相信另一句话：求人不如求己。但是，我们有时会发现，一些特别喜欢"麻烦"别人的人往往过得更好，也很招人喜欢。

我们为什么要"麻烦"别人

人生中的贵人往往是"麻烦"出来的

有些人在遇到困难时，总有高人及时出手相助；而有些人，终其一生，都没有过几次"好运"。两者最大的差别在于，后者"守株待兔"，蹲在家里等贵人上门；而前者主动出击，找到自己需要的人，然后告诉他：我需要你的帮助！

敢于麻烦别人的人都有一个非常重要的特点：主动"索取"。一旦开了口，很多好运也许就降临了。

"麻烦"别人是为了更加有效地解决问题

现在不是单打独斗的时代，每个人都有自己的特长和禀赋。一个让人抓耳挠腮的难题，也许就是另一个人的拿手好戏。

如果遇到无法独立解决的问题，最好的办法不是闭门造车、钻牛角尖、和自己较劲，而是去迅速找到能解决问题的那个人，向他开口求助。

如何"优雅"地麻烦别人

主动"麻烦"别人，对自身的成长很有利。但是，我们要认清一个事实，大多数人没有帮助你的义务。麻烦别人，不能毫无节制与原则，要有尺度和方法。

在"麻烦"别人之前，先做好两件事。

1. 找到自己对别人的价值

有人可能会问，面对一些比自己优秀太多的人，真的不知道能够帮助他们什么，这时候怎么办？其实，每个人都有自己独特的价值，只是有些藏得比较深，需要你去深入挖掘。哪怕你只是纯粹地向一个高手请教，如果你提的问题足够好，也可以给对方带来新的启发。有时价值不需要太多，只要有就好。

2. 想清楚问题后再问

我们在请教别人前，一定要经过深思熟虑，然后提出具体的、有意义的问题。

假设你的公司要上市，你去请教一位资深投资人，如果你的问题是：你觉得上市后我应该注意什么？相信他一定会崩溃。但是，如果你这样问他：公司上市后，意味着我们要引入外部投资人股东，请问我们在做决策时，多大程度上要考虑他们的想法？听到这个问题，对方一定非常乐意回答。

还有一点不得不提，好的关系是双向的，"麻烦债"要记得及时还。

在职场和生活里，会麻烦别人的人，深谙礼尚往来的社交精髓，知道自己的软肋在哪里，因此铸就一身铠甲。懂得协作与配合，即使单枪匹马,也能活出千军万马的精彩。

这个世界,不是有钱人的世界,不是有权人的世界,而是有心人的世界。如果你是一个有心人,那么全世界都是你的资源。

真正的朋友：
合于"三观"，见于危难，敬于人品

遇人无数，知己难求。走到后来才明白，真正的朋友，往往都是合于世界观、人生观、价值观"三观"，见于危难，敬于人品。

合于"三观"

有人总结，理想的交友状态有三种：一是有共同的理想，二是有共同的语言，三是有共同的爱好。说到底，是"三观"相投。三观不同的人，无论怎么沟通，都是南辕北辙。层次不同的人，无论如何费力，都很难长久地相处下去。强融的圈子，不仅让自己活得累，而且让别人感到尴尬。

时间决定我们遇见谁,"三观"决定我们留下谁。而比"三观"不同更严重的,是认知层次的不同。"朋友是需要交换观点的人,而不仅仅是交换感情。"很多朋友关系变淡的原因,往往不是因为距离,也不是因为矛盾,而是认知差距。认知不同,看待事情的观点就不同。你的苦闷,他无法理解;他的彷徨,你无法感同身受。认知的差距,会筑起两人之间的高墙,再好的感情,也会因此消磨殆尽。

见于危难

什么是真朋友?真朋友就是:有难只要说一声,他就会尽力帮你;有苦对他诉说,他会抽出时间开解你,鼓励你;你有所成就,他不会恭维你,却打心眼里高兴。

什么是假交情?假交情就是:当面和你嬉笑言和,暗中对你诽谤攻击;你落难了,他躲着走,生怕你连累他;你找他帮忙,他有一百个借口推脱;你功成名就,他立马对你点头哈腰。生活中的磨难,或许是朋友间的照妖镜。

世人万千,多数人旁观你的人生起落沉浮,无所谓你的奔波劳碌。只有很少数人,会第一时间站出来陪你一起患难,风雨不离,低谷不弃。

关键时刻,雪中送炭的人,假不了;危难时刻,挺身而出的人,错不了。

"一贵一贱,交情乃见。"友谊牢不牢靠,看的不是平时的甜言蜜语,而是危难时的不离不弃;一个人能不能深交,看的不是他说了什么,而是关键时刻他能不能扛事。遇到这样的朋友,应该深交一辈子。

敬于人品

要想友情长久,还得讲究人品。

清朝初年,京城出了一位才子,名叫顾贞观。纳兰明珠听说他的才名,将他接到府里为儿子纳兰性德授课。一开始,纳兰性德只是仰慕顾贞观的才华,两人诗词唱和,友情不深不浅,关系不远不近。当他听说顾贞观全力设法营救朋友吴兆骞的事情后,大受感动。感此人一诺千金,有情有义,遂引为挚友。后来,纳兰性德更是极力周旋,为顾贞观营救吴兆骞的事出力不少,对方为此一生感激,两人成为忘年至交。

人品出众的人,总是能给人安全感。

他们重情重义,最为可靠,与之交往,你会畅快自在;他们诚实守信,光明磊落,与之交往,你会踏实安心;他们有正气,有骨气,踏实做人、勤勉做事，与之交往，你会被正能量感染，为好人品折服。友情到最后，拼的是人品。

相处不累，
才是最好的关系

活了大半辈子，终于明白，最好的关系，是相处不累，你知道我的难处，我体谅你的辛苦。和相处不累的人在一起，不必思前想后，察言观色，想做什么，不怕出丑，想说什么，脱口而出，也不用提心吊胆，担心对方话里有话。

相处不累，是不必假装

和相处不累的人在一起，高兴就笑，伤心就哭，委屈就说，生气就吼，不需要遮遮掩掩，畏首畏尾，因为对方知道你的脾气，了解你的性格，会对你包容和体谅。不假装、不伪装、不逞强，了解你的人，自然懂你的真模样。

与相处不累的人一起，才可以不时刻活在别人的眼光里。

相处不累，是坦诚相对

人与人之间最好的状态，是相处不累，没有互相猜忌，也没有互相怀疑。

经历大半生，走过很多路，见过很多人，在饱尝人情冷暖之后，有人终于明白，一段感情最可贵的地方，是真诚交往，坦诚相对。人活大半辈子，一开始小心翼翼，如履薄冰，后来终于发现：和相处不累的人在一起，我们能彼此体谅对方的难处，给予对方最真诚的宽慰。

有个相处不累的人，拥之则安，伴之则暖。

相处不累，是久处不厌

人生，相遇相知不易；挚友，相懂相守更是难得。

不知从什么时候开始，身边的人都三三两两地淡了，曾经无话不谈的人，已经"躺在联系列表"里好久没说话；曾经说着永不分离的人，最终各自散在天涯。相处不累的人，不用与之天天联系；见或不见，你我都在彼此心里。

真正的朋友，不在乎时间和距离，也不分贵贱贫富，不一定要时时了解，但会事事包容，用真心换真心，用真情得真情。

真正的友情，不会因时间而改变，你们的关系或浓或淡，或近或远，对方永远都在。

相处不累，是重在回应

风吹进空谷尚有回响，感情的付出也应该有所回赠。

跟相处不累的人在一起，处处都是阳光，生活再苦，也能彼此温暖，汲取成长的力量。跟相处不累的人在一起，不会因为时间久了，陷在鸡毛蒜皮的生活中，陷在家长里短的八卦里。他们即使霜染白发，也会待对方如初，共看细水长流。

如飞鸟有枝可栖，旅人有家可归，和相处不累的人待在一起会心无戒备，每时每刻都感觉轻松愉悦。相处不累，才是最好的关系。

和明白人说话，和踏实人做事，和厚道人谈情

人类所有的烦恼，大多源自人际关系。

不是所有人都值得信赖，不同的人要"差别对待"，才不会被伤得体无完肤。

和明白人说话，是享受

酒逢知己千杯少，话不投机半句多。

面对不懂自己的人，说什么都会被误解。他们喜欢断章取义，喜欢钻牛角尖，不愿交换立场思考问题。你越解释争辩，他们越觉得你心虚。你的快乐在他们的眼里成了显摆，你的成功在他们的眼里成了

炫耀……正所谓,有些话,不逢其人,宁可不说。把话说给懂你的人,哪怕只有简单一个字,也胜过千言万语。

有一对老夫妻,相处快六十年,早已了解彼此的生活习惯。爷爷一个"水"字,奶奶就会沏好一杯热茶,放上他最爱的枸杞和菊花。奶奶一个"疼"字,爷爷就会颠颠儿地去拿按摩仪,放到奶奶右肩。

是啊,和懂你的人在一起,不用担心说错话,也不用小心翼翼。你只需开个话头,对方就能往下接。

觅得三五知己,相言甚欢,不失为人生一大幸事。

和踏实人做事,心安

自己的责任必须自己担起,成功是我的成功,失败也是我的失败。

但现实中,把成功的光环往自己头上戴,把失败的责任往外推的人何其多。与他们共事,不知道什么时候自己辛苦得来的成果就不翼而飞了,只留下一堆杂乱无章的事让你收尾。有人说:"做事要找靠谱的人,聪明的人只能聊聊天。"这个世界上,从来都不缺少耍小聪明的人,稀缺的是为人处世靠谱踏实的人。

和踏实的人做事,我们不会心乱如麻或忐忑不安,而会互相信任、彼此支持。

和厚道人谈情,敞亮

人怕交错友,心怕给错人。谁都想真心被珍惜,真情换深情,可是总有不厚道之人,把感情当作利益,关心里装着虚假,甜言里藏着算计。比起超额付出,我们更害怕一腔热情,掏心掏肺,最后换来冷漠以对,甚至换来虚情假意。

有一则小故事值得细品。

狗和狐狸是好朋友。狗很厚道,吃点亏也不在意;狐狸精明,一有便宜就占。有一天,他们遇到死神。死神对他们说,"你俩猜拳,赢的活着,输的就得死。"结果狐狸输了,狗活了下来。善良的狗哭着说:"说好一起出石头的,我出了剪刀,谁知你出了布。"

是啊,心怀叵测的人,即使你交出整颗心,对方也不会感动,还会在背后阴你一把。

"交浅不言深。"不要认识尚浅,就急不可耐地掏心窝子,若被不怀好意的人利用,反而得不偿失。

厚道的人单纯、善良、老实本分,宁愿自己吃亏,宁愿自己不好过,也不让身边人受累。厚道的人老实本分，但他们不笨，明白钱财不如人品重要，懂得利益没有情谊珍贵。

与明白人说话，通透明了晓事理；与踏实人做事，苦尽甘来事竟成；与厚道人谈情，高山流水不负君。

真正聪明的人，
都放弃了这些无效社交

有这样一个提问："如何辨别身边的聪明人？"有个回答是："当你遇到一个人，他能理解你的处境，尊重你的观点和信仰，和你打成一片，让你觉得很舒服。但当你想进一步和他深入交往时，会发现他总是和你保持一定距离，让你觉得你们总是隔着一层，这人八成比你聪明很多。"

确实如此。所谓"聪明人"，在社交方面，大多数是"友善、亲切但不乏距离感"。因为，他们懂得这个道理：人脉的关键，在于个人实力，而不是其他。

四种无效社交,要趁早放弃

1.退出牢骚满腹的微信群

那些喜欢自说自话、怨天怨地的人,总把别人当作接纳坏情绪的"垃圾桶",不管不顾地倾倒所有的负能量。抱怨是把双刃剑,既透支自己对生活的热忱,又降低他人对未来的期待。

成年人高级的修行,是懂得心态放平,停止对比,不再抱怨。成年人明智的社交原则,是对拎不清的人从不将就,果断远离。

2.远离攀比膨胀的社交圈

人一旦到了中年,经历过许许多多风雨,有了一定生活阅历,就看清一些人。你不难发现,身边总会出现聚到一起就攀比,甚至互相利用的社交圈。人如果长期身处其中,不仅会浪费时间,而且会迷失自我。

幸福重在心灵的感知,而不是靠攀比得来的。如果你身边有这样攀比、相互利用的社交圈,请尽早远离,还生活一份安宁。

3.远离说三道四的是非圈

看是非的人,总是热衷别人的八卦,却忽略眼前的风景;听是非的人,总是在意外人的生活,却忘记自己的境遇;说是非的人,总是传播他人的谣言,却丢掉做人的底线。

群处时,守住嘴;独处时,守住心。远离是非圈,告别是非人,是一个人走向成熟的重要一步。

4.断绝"三观"不同的关系网

"三观"不同的人,相处起来有多累?

网上流行过一个段子:你说大海好漂亮,可他说里面淹死很多人。你喜欢看书,他却说,看书有什么用,都是在装文艺。和"三观"不同的人来往,总是劳心劳力,到头来,麻烦了别人,更委屈了自己。

看过这样一句话:频率相似的人,即使翻山越岭,也终会相聚在一起;磁场不合的人,即使朝夕相处,也终究不是一路人。层次不同,不必凑合;"三观"不同,无法强融。

垃圾社交，不如独处

在《你手机里的常用联系人有几个》社会实验短片中，实验者的通讯录里有好友上千人，但当导演要求他删掉点头之交、点赞之交后，竟然只剩下三五人。也就是说，相识1000人，真正重要的，仅有三五人。

真正高效的社交，从来不以广度论英雄，只以深度定结果。正如《请停止无效社交》一书中所说："当你的能力、资源、地位配不上你的社交野心，你所做的不过是无效社交。"

放弃那些想走捷径的念头，拨开那些虚幻的假象。人生的贵人，从来都是自己。

这样说话的人，
一定不要深交

很多时候，我们会善良地以为，一个人说话难听只是因为他心直口快，一个人满嘴负能量只是因为他日子过得不顺。其实，在交谈中让对方觉得舒服是一个人最基本的修养之一。

曾国藩曾言："做人如水，做事如山。"

与人交往要像水一样柔，润物无声，就像清泉流过对方的心田。言谈之中，往往最能看出一个人的人品。

像以下这样说话的人，一定不要深交。

人前说狂话

与人交往,坦诚第一。狂傲的、自大的话,说了容易招人厌恶。

说话不要太狂,做人切勿张扬。为满足自己的虚荣,说了狂话,就等于把自己的缺点暴露给别人,真是得不偿失。

见识少的人,会傲慢,觉得自己天下无敌;见识多的人,会谦卑,更懂得"人外有人,天外有天"。

人前不说狂话,暗暗积攒实力,少演一场闹剧,多留一片转身的余地。财大不气粗,居功不自傲,低调做人,高调做事,才是做人的根本。

背后说闲话

曾国藩在家书中写道:"常说是非事,必是是非人。"经常爱嚼舌根,一点小事就当大事宣传的人,必然心思不正。心思都放在别人身上,如何经营自己的美好?只会道听途说,又怎能周全自己的名声?别人的故事,与己无关,没必要恣意谈论;他人的是非,不归你管,没资格妄加评说。

静坐常思己过,闲谈莫论人非。

闲话，不主动谈及，不被动附和，保全别人的名声，更周全自己的口碑。

总说难听的话

与人善言，暖于布帛；伤人以言，深于矛戟。恶语的杀伤力不亚于一颗精神上的原子弹。

有些人，对陌生人很客气，却对家人恶言相向。不懂得感恩父母，甚至辱骂家人，一定要和这样的人少往来。因为一个不能控制自己脾气的人，尚不能感恩父母，怎么能指望他对你以礼相待？

不管有心无意，不管交情亲疏，拿别人的缺陷开越界的玩笑，只会招惹一场纠纷，疏远一段关系。对别人恶语相向的人，你千万别奢望他会待你不同。若有一天，这把语言霸凌的"枪口"对着你，你就知道这发伤人的"子弹"有多恶毒。

宁愿孤独，千万别交恶友。

没几句真话

你身边是不是有这样的人：酷爱吹嘘，却常常露馅；做出承诺，基本不会兑现；当面说一套，转头又是一套，满嘴跑火车。你永远都在纠结他哪句是真，哪句是假。

真诚是交往的基本原则，那种没几句真话的人，早看清更好。

无论是工作还是生活，笨人只用嘴说话，聪明的人用脑子说话，智慧的人用心说话。

愿你懂得好好说话，也愿你和好好说话的人相识相交，与善为伍，与智同行。

现实中 25 条社交规则，适合所有年龄段

很多人的痛苦，源于人际关系出现各种问题。

现在，似乎不少人都患上轻微的"社交恐惧症"：不善于和人交往，不懂得怎么和别人维护亲密关系，甚至见面主动打个招呼都难上加难……其实，人与人交往有约定俗成的一些规则。与其逃避，或者抱怨这些"说什么，怎么说，什么时候说"的弯弯绕绕，不如利用这些规则。实际上，规则存在的意义只有一个：能让别人舒服，也让你自己不难受。

1. 能在一定位置上的人，一定有他的过人之处，不管你多么讨厌他。

2. 如果别人朝你扔石头，就不要扔回去，伤人又伤己，留着做基石，他日定能高楼起。

3. 看破不说破，知人不评人，明理不争论。

4. 不要用尖酸刻薄的语言评论你的朋友，那只会伤了和气。若想达到忠言逆耳的效果，最好换成对方能接受的方式。

5. 对于不了解的事情，承认不足或者保持缄默都可以；不要装作自己是行家，因为被拆穿是一件非常损害口碑的事。

6. 简单事不争吵，复杂事不烦恼，发火时不讲话，生气时不决策。

7. 果实熟透才可以采摘，思考沉稳才能充分表达。不思考就急于发表意见，很可能一开口就证明自己是傻瓜。

8. 诺不轻信，此为淡然，故人不负我；诺不轻许，此为靠谱，故我不负人。

9. 做人要自信，但不能自信到过于狂妄；做人应低调，但不能低调到失去自信——这便是"有度"。

10. 如不识货，一时穷；如不识人，一世苦。

11. 心中装满自己的看法与想法的人，永远听不见别人的心声。

12. 社交的本质在一定程度上是各取所需。有的人和你渐行渐远，不是因为你做错什么，而是他已经不需要你。

13. 希望别人怎样对待你，你就应该怎样对待别人，如此你才不愧于心。但是，千万不能因此抱着"我对别人怎样，别人就必须对我怎样"的执念去生活。

14.这世界不缺善良,缺的是理智的善良。真正的善良不是有求必应,而是明辨善与恶、是与非的智慧。

15.你不能也没必要跟所有人都做朋友,懂得这一点会轻松很多。因为有些人之间,好像隔着一座山,无论如何,注定终生无法相遇。

16.向别人提问要有质量,不要问一些网上搜索就能知道答案的问题,不能对别人时间和感情肆意地消耗。

17.交谈时,当对方显示出有些不耐烦时,你应该适可而止,别再继续往下说。一次两次"念经"可以,第三次、第四次别人就会绕着你走。

18.你可以不喜欢,但不能随便诋毁别人的喜好。

19.不要去欺骗别人,因为你能骗到的人,都是相信你的人。

20.有时候与人相处之所以累,是因为他们都想表现出自己并不具备的素质。

21.哪里有什么怀才不遇?你不去主动表现自己,没有人该来欣赏你。

22.面对别人主动提出的帮助,要学会判断是出于真心还是客套,这样才能更好地回应对方,避免尴尬。

23. 没有人能把你拉出火坑,除非你自己想通了。

24. 所有的帮忙,都是建立在能力对等的前提下。

25. 无论在生活中扮演什么角色,都请记得做个情绪稳定的人,尤其是对你亲密的人。

《哲思·交往卷》

☀ ⛅ 🌦

B

你是谁，就会遇见谁

灵魂相似的人，
总会相逢

我们每个人，都渴望身边有一个与自己灵魂相似的人。他能够看清你的内心所想，读懂你的欲言又止，明白你的若无其事。

频率相同，才能相融

俗话说："缘分天注定，聚散不由人。"有些人，走着走着就散了，成为一生的陌路人；而有些人，时光荏苒，不离不弃。真正与你有缘分的人，必定是与你频率相同的人。

《刺猬的优雅》一书中说道："我们都是孤独的刺猬，只有频率相同的人，才能看见彼此内心深处不为人知的优雅。"

频率不相同的人，即使相遇多次，终究会擦肩而过。频率相同的人，哪怕只能相遇一次，也会相互吸引，相融在一起。

"同声相求，同气相应。""三观"不契合，即使勉强成为朋友，也始终走不进彼此的心里。"三观"契合，即使彼此没有经常联系，也早已把对方放在心上。

灵魂相似的人，总会相逢

你是什么样的人，就会吸引什么样的人。只有灵魂相似的人，才会跨越山河与大海，走近你、靠近你。

什么是爱情？钱锺书对杨绛说："遇到你之前，我没想过结婚，遇见你，结婚这事我没想过和别人。"他们都是那"唯一契合的灵魂"，一切都完美得无懈可击。

于千万人之中，遇见你要遇见的人。于千万年之中，时间无涯的荒野里，没有早一步，也没有迟一步，遇上了轻轻地说一句："哦，你也在这里吗？"

总会有那么一个人，寻你而来，与你一起待霜染白发，陪你看细水长流。

珍惜那个对你好的人，毕竟谁也不欠谁

生命来来往往，我们会遇见形形色色的人。有些人真心待你，有些人假意奉承；有的人对你温柔体贴，有些人对你刻薄无情。

对你好的人，要好好珍惜，毕竟人活一世，谁也不欠谁的；对你不好的人，更不必在意，他们终会远去，成为你生命中的过客。千万不要因为生命中的某些人，让自己丢掉了快乐的能力、善良的品质、感恩的心。

世间的一切都是遇见，就像冷遇见暖，有了雨；春遇到冬，有了岁月；天遇见地，有了永恒；人遇见人，有了生命。人与人相遇一场，何其有幸，且行且珍惜。站在生命更高的维度,去看待你遇见的任何人、任何事，你会发现，没什么可迁怒的，一切都是最好的安排。

愿你我的余生，岁月静好，人心各安。

彻底看清一个人的4个瞬间

有人说,一个人值不值得交往,在关键时候才能看清。其实,看清一个人,一个瞬间就够了。

在利益面前的抉择

利,就是一块试金石。

趋利是人性。利益面前,很多人会扯下伪装。这个时候,通常是识人、辨人的最佳时刻。

《论语》中说:"君子喻于义,小人喻于利。"

看清一个人,要看他面对利益时,是否唯利是图,能不能抵挡住诱惑，坚守住底线，对得起良知。

失意时对待别人的样子

遇到不顺心之事，不迁怒他人，不仅是一种高级的修养，更是一种高超的社交能力。

记得有位作家写过这样一段话："我见过很多得意时富有涵养的人，他们举止有道，做足面子，也十分体面。但一旦失意时，你会发现他突然变了一个人，失意落魄，焦头烂额，人不像人，鬼不像鬼。"

失意时，仍能保持礼貌和理性。不以权势和地位变化迁怒他人，是一个人难能可贵的修养。

吃相暴露人品

有些人一旦到了餐桌上，在高人眼中，就已然原形毕露。

梁实秋曾在《吃相》一文中讲述了这样一件事：他的一位外国朋友到中国西南某地旅游，偶然到一家小餐馆吃东西。没承想，正吃到一半，忽听旁边的壁板后传来砰砰的响声，其声清脆，密集如连珠炮，向人打听，才知道是邻座食客正在大啖糖醋排骨……外国朋友好奇地问梁实秋，这样的吃法是不是特有的风俗？梁实秋回答，不曾见过这样的场面，心里却默默觉得这种行为有失教养。

一个人吃饭的时候，往往最放松，这时候潜在的东西就会表露出来。

一个人的品性如何，只要和他吃顿饭，就能看出一二。

对待家人的态度

我们通常都是：好脾气都留给他人，而坏脾气都留给家人。

如果一个人在对待最亲近的人时，能够始终保持涵养，和颜悦色，那这个人有着了不起的修行，是令人佩服的。

在家庭中，真正在乎家人的人，不会在生气时计较得失，不会把坏情绪带进家里。明明已经很生气，但能够克制住自己的情绪，主动关心对方；明明心里仍有怒火，还能够替他人着想，给他人体面。这样的人，人品一定不会差。

看清一个人后,用不着翻脸

被人伤害的时候,你常常失落。把人看清的时候,你处处较真。也许你忘了,不是所有的鱼都生活在同一片海里。看清了,也就看轻了。

就像苏轼,因为朝堂之争,被身为宰相的昔日好友章惇屡次迫害,甚至被贬至海南。章惇见不得苏轼流落在外仍坚强豁达,故意刁难他,存心想让他老死荒野。可以说,苏轼那一千多个苦熬的日日夜夜,都拜章惇所赐。

然而,造化弄人,政局有变,苏轼遇赦,章惇却被贬。苏轼回京路上,章惇儿子章援给苏轼写了一封言辞恳切的信,希望他能对父亲网开一面。苏轼在回信中这样写道:"但以往者,更说何益。"意思是说,一切都已经过去,就别再提了。不仅没有加以迫害,他还给病中的章惇送去药方,希望他早日康复,并嘱咐他保重身体。

往后余生,愿你我都能懂得识人心、辨伪善,与良人结交,与贤人相伴。

惊人的磁场定律：
你是谁，就会遇见谁

每个人身边都有一个磁场环绕，无论你在何处，磁场都会跟着你，也吸引着与你磁场相同的人和事。

你有什么样的磁场，就会过什么样的人生。

"能量场"：情绪的正负，影响一生的命运

网上有这样一个提问："过去这么多年，最让你难过的事情是什么？"回答是："你是问难过的事情，还是难处理的？好像没什么难过的事，倒是经历了一些难处理的事……"

仔细琢磨这句话：没有难过的，没有抱怨的，所有的事情，如果发生了，只是冷静地面对，最多是难处理而已，不会有太大的情绪起伏。

人的情绪品质和对社会的适应能力，便是情商。

大多数沟通问题都是情绪问题，因为情绪是会传染的。"负面磁场"的人身上堆积的"情绪垃圾"会汇聚成一个情绪黑洞，与之相处久了，甚至可以吞噬掉我们的正能量。"正面磁场"的人即便遇到不如意的事，他们会积极乐观，与之相处时间长了，我们整个人会变得自信阳光。

所以，我们身边的磁场能量，会受到人际交往的影响。

"意念场"：和优秀的人在一起，真的很重要

路遥在《平凡的世界》里写道，在一个人的思想还没有强大到自己能完全把握自己的时候，就需要在精神上依托另一个比自己更强的人。也许有一天，学生会变成自己老师的老师（这是常常会有的），但人在强大过程中的每个阶段，都需要求得比自己的认识更高明的指教。

一个人认识的人再多，交往非常频繁的不过十多个。与你最近的十多个人，就是你的社交圈。除去至亲好友，真正能帮助和影响你的，都是那些与你有着密切关联的人。

人本能地会随着身边人的行动而行动，所以，如果你无法做到自

律，最好找一个适合你的社交圈。

一个人身边的一切，都是由他内心的想法和特质吸引而来的。总是挂在嘴上的梦想，会潜移默化地影响你的人生。

"善恶场"：发出爱，才能吸引爱

罗曼·罗兰说："灵魂最美的音乐，是善良。"

纵观人间美好无数，唯有善意和爱不可辜负。善良，就像是一场轮回，生命中你所付出的善意与爱，都会以另一种方式归来。善良自有心知，人好不好，一时看不出来，时间长了，真相自会大白。

世间一切，冥冥之中自有吸引力。如同作用力与反作用力定律，你付出的善意，也会在你身边汇聚一个磁场，吸引到生活里更多的爱。

与人为善，福气自来。

你的社交圈，
决定你的层次

聚会上，你总想着多认识一些人。后来你才知道，每个人真的没办法和太多人建立实质性的关系。生活中最亲密的朋友只有三到五人，这些人是你的挚友；普通朋友有几十人，你们偶尔会想起彼此；剩下的都是"普通熟人"，你们不常联系，甚至不联系。

随着年纪增长，你会发现生活是个圈。圈子虽小，干净就好。

你的社交格局，决定你的朋友圈

"画眉麻雀不同嗓，金鸡乌鸦不同窝。"人往往更愿意和差不多层次的人交往，但决定两个人成为朋友的因素有很多，性格、学识、财富、志趣、"三观"等。

所以,一个人的社交圈子,往往能体现他的性格、修养、学识乃至人生成就。

人与人之间的差距,往往体现在他们的社交格局上。跟优秀的人在一起,你迷茫时,他可能会拉你一把,给你建议,让你不至于迷失方向。而另一些所谓的"朋友",不求上进、好逸恶劳,只会把你拽入和他一样的圈子里,拉低你的层次。

世间最美好的东西,莫过于有几个头脑清醒和心地善良的朋友;而狭隘的社交格局只会阻碍你的前进,拉低你的眼界,你的思维方式和行动力也会受到影响。

朋友圈,真的很重要

和怎样的人做朋友,你就会成为怎样的人,这大概就是为什么厉害的人总是扎堆出现的原因吧。

西北大学长安校区有一个"学霸宿舍",宿舍6位姐妹,本科期间累计获得奖学金和助学金近10万元,发表了4篇SCI(科学引文索引)文章,拿到19份名校录取通知书。来自不同专业的6姐妹,之所以有这样的成绩,最初因为一个勤奋的室友。她特别自律,早出晚归,有计划地完成每一项学习任务。其他室友羡慕之余,也调整好学习状态,跟着她的作息时间一起努力。大家发挥各自的优势,取长补短,相互鼓励,终获成功。

《荀子·劝学》:"蓬生麻中,不扶而直。白沙在涅,与之俱黑。"你的朋友圈质量和精神面貌,直接影响你的未来。当你发现,你的身边全是阳光向上、遇到困难依然敢于无畏前行的朋友时,就要积极地维护与他们的友情,切莫怠慢。因为世人皆有见贤思齐之心,若周围都是发愤图强之辈,耳濡目染之下,自己也会力争上游。

不想向命运低头,便需要做最好的自己,然后遇见更好的别人,待历经的艰辛和流下的汗水变成资本,人生就会有无限可能。

《红楼梦》告诉我们的 3 条社交规则

《红楼梦》的世界里,不仅有缠绵悱恻的爱情故事,更有关于人情冷暖、世间百态的精彩描写;不仅有少年时代的纯真友谊,而且有成年人世界的尔虞我诈。每一段故事,都能让我们若有所思,甚至隐隐看到自己的影子。

世事洞明皆学问,人情练达即文章。无论你乐于交际,还是喜欢独处,若能明白书中这几条社交规则,也许会受益终身。

做事留一线 日后好相见

宝钗与黛玉一开始的关系并不太好,后来因为一件小事尽释前嫌,成为闺蜜。那是一次行酒令，黛玉不小心说出了"禁书"《牡丹亭》里的句子，被宝钗听了出来。她当时不动声色，回去后才悄悄"审问"黛玉，最后还像大姐姐一样跟她谈心讲道理，让黛玉心悦诚服。宝钗做事向来滴水不漏，她懂得如何把握分寸，既给对方留下余地，又能达到自己的目的。

俗话说，做人须留三分面，日后才能好相见。但凡说话有分寸、有同理心的人，绝不会拿别人的苦难、难堪、无奈取乐，为自己的"幸福感"增值。有些事情，与其当面揭穿让人尴尬，不如给对方留点面子，事后再找机会解决。

真正的社交高手，都懂得做事留一线，懂得照顾别人的感受。只有这样，才能最大限度地减少潜在的敌人，收获更多的朋友。

不要看轻别人　也别高估自己

凤姐出身显赫，又精明强干，难免自视甚高，不把别人放在眼里。可是这样一个心高气傲的人，却偏偏对出身贫苦的刘姥姥以礼相待。

刘姥姥初次登门，凤姐不识对方身份，却拉了一会儿家常，妥妥帖帖地给了20两银子才把人送走。不久刘姥姥再次登门，成为贾母的座上宾。凤姐也看出刘姥姥的过人之处,不仅再次慷慨解囊,还请她给自己的女儿取名。后来贾府败落,凤姐成为阶下囚。这时候,曾被人看不起的刘姥姥反而成为凤姐的救命稻草,还帮她把巧姐救了出来。

敬人等于敬己。人与人之间的能力由很多因素决定,所以一定会有差别,但是人格上是平等的。

尊重他人,不仅是一种修养,而且给自己留下福报。

可以不扎人 但一定要有刺

迎春和探春虽是姊妹,性格却截然不同。

迎春诨名"二木头",胆小懦弱,被针扎了都不吱一声。探春则是一朵"玫瑰花",又红又香,无人不爱,只是刺戳手。只会委曲求全的迎春,不仅常常被大家忽略,还被丫头婆子们糊弄。最后,迎春误嫁"中山狼"孙绍祖,不久就受尽折磨而死。反观探春,做起事来雷厉风行,下人们都不敢怠慢;她发起脾气来,就连凤姐和平儿也得让她三分。人人都知道她不好惹,却个个对她赞不绝口,凡事也要考虑她的感受。不管结诗社还是代管家务,大家都会征求她的意见;就算她的生母赵姨娘闹事,别人也会看在探春的面子上放她一马。

善,没有标准,却有底线。

毫无节制的善良导致的结果一定是——你的善良,终将变得一文不值。在保护全世界之前,你首先要保护好自己。

红楼一世界,世界一红楼。人的一生,总会遇到形形色色的人,也会与许多人产生感情的羁绊。愿我们每个人都能从《红楼梦》中领悟做人的道理,交到更真的朋友,成为更好的自己。

随和，
是一种被低估的能力

随和，不是唯唯诺诺，而是"一点浩然气，千里快哉风"的洒脱；随和，不是人云亦云，而是"牢骚太盛防肠断，风物长宜放眼量"的淡泊；随和，是一种素质，一种心态，一种被低估的能力。

相处与人为善

随和是强大的武器，无论遇见怎样难缠的人、怎样难解的局面，随和总能释放出神奇的魔力。

左宗棠在陶家担任家庭教师期间，已经意识到自己骄傲自负的性格妨碍交到真朋友。于是，他开始注意这个问题，特别是随着年龄的增长,左宗棠强势的性格渐渐变得和善起来。晚年左宗棠对待下属和颜悦色,对待同僚彬彬有礼,就连对待家里仆人的过错也格外宽容,脾气越来越温和。

做一个随和的人,把握生活中的"度",坚守底线但不固执,把握原则但尊重他人。做一个随和的人,处事言语温和一点,不要求你舌灿莲花,但讲话千万不要专捡难听的说,不要总是揪着对方的错误不撒手,更不要总是翻旧账。

随和处事,无形中扩大你的朋友圈。朋友多了路好走,多一个朋友总比多一个敌人好,毕竟生活不是比赛,无须事事争个输赢。

遇事态度淡定

随和不是唯唯诺诺,而是有原则、有标准,用淡定的态度做事。换句话说,随和,是遇事淡定,不悲不喜,懂得控制自己的欲望,克制又自律。

人遇到事情,如果情绪起伏大,脑子就会失去认真思考的能力,很难考虑周全,冲动之下行事往往会把事情越办越糟。做人随和一点、稳重一点,遇事态度会淡定一点。面对急事、难事,先提醒自己冷静下来，别慌别忙，考虑周到，准备周全，才能省时省劲。

静而后能安，安而后能虑，虑而后能得。可以说，静是安定、思虑和有所得的基础。

沉静随和，是一种风度，也是一种洒脱。请坚守内心的宁静，保持清醒的头脑，拥有温柔的心肠。

处世心胸宽广

有人说，随和是懂得宽容自己，宽容世界，不认死理，懂得知足。总之一句话，就是看远、看宽、看淡。

看远，即寻找目标，寻思境界，由近及远、由此及彼、由表及里地探索出惊人的发现。看宽，即宽广的思路，宽宏的胸怀。想得开一些，思维空间大一些，心胸宽阔一些，眼睛就会明亮一些。看淡，即固守自己的所得，不去无谓地争长道短。属于我的，当仁不让；不属于我的，千金难动真心。

天地萌生万物，赋予生命惊人的力量。随缘而喜，随遇而安，是理想的状态。在顺境中淡泊，在逆境里从容，看淡了，知足了，好运自然就来了。

离你最近的人,
决定着你的人生走向

一个人最终活成什么样,是由眼界和见识决定的。而选择与什么样的人在一起、接触什么样的环境,影响着我们的眼光和格局。

和优秀的人同行

跟优秀的人在一起,更容易认识自己。

"自己"撞上一些别的什么,反弹回来,才会更容易被认清。所以,和很强、水准很高的"东西"相碰,你才知道"自己"是什么。

一个人在狭小、封闭的圈子里待久了,想法、学识、性格都不易变化。而优秀的人,能改变你的固执与保守,成为引领你前进的一束光。

与勤勉刻苦的人在一起，你自然不会松懈、堕落；与行业的顶尖者在一起，更容易在专业上有所突破；与优秀的人在一起，你可能变得积极进取、出类拔萃……

如果说成功有捷径的话，那就是深耕自己，与优秀的人携手同行，与优秀的人一起成长。

与能人共事

能人，多指有一技之长的精英。

俗话说，"术业有专攻"。如果你有机会跟某位大师切磋，你会抓住这个难得的机会吗？有人会说："哪能啊，这不是班门弄斧吗？"数学家华罗庚则主张："弄斧必到班门。"为什么呢？原来，对不懂行的人，炫耀自己的技能，对人对己都没有好处。你若是能得到大师的指点，就能进步得快些；若有幸得到肯定，则更能增加自己勇攀高峰的信心。

能人，也指能把事办好的人。

勤与能人共事，就能发现他们的处世之道：别人没考虑的大都考虑到了，让人放心、舒心、欢心；解决各种突发问题游刃有余，将局势稳稳掌握在自己手中。这样的能人，必是一个有才干、有担当、情商高的可靠之人。

勤与能人共事，学习能人"成事有余"的智慧，提高解决问题的能力，对你的一生大有裨益。

与合拍的人相处

网上曾有人发起一个投票：不论结婚还是交友，你觉得必要条件是什么？结果得票数最高的选项是："三观"相同，彼此理解。

与一个不懂你的人相处，日常会怎样？你说假期有时间就多去看看世界，她说有花那些闲钱的工夫，还不如在家睡觉。你说想学习一些新的东西提升自我，她说都一把年纪了何必再折腾自己。

有位演员说："我曾以为生命中最糟糕的事，就是孤独终老，其实不是。最糟糕的是，与那些让你感到孤独的人一起终老。"

人生路迢迢，能遇上跟你合拍的人同行，是一大幸事。他懂你的不幸遭遇，懂你欲言又止背后的沉默，懂你身处喧嚣中的孤独。有幸遇到合拍的爱人，一定要好好爱惜，因为彼此真心相待的人，才能一起走过万水千山。有幸遇到合拍的友人，一定要好好珍惜，因为彼此真心相交，大家才能共同走过沟沟坎坎。

路,要和优秀的人一起走,才能顺利。

事,要和靠谱的人一起做,才能妥当。

日子,要和懂你的人一起过,才算值得。

余生不长,愿你能坚守本心,和对的人相伴同行,将生活过成自己喜欢的模样!

一个人是否值得深交，就看这3点

年龄越大越明白，使人有乍交之欢，不若使其无久处之厌。一个人是否值得深交，时间会告诉我们答案。

为人守诚

坚守诚信的人是什么样子？曾国藩总结说，相见必敬，开口必诚。他不仅时常教导家人子弟要为人诚信，而且自己努力做到以诚待人。

一次宴会上，曾国藩听到部下对将帅的评论。有人说："左帅严，人不敢欺；李帅明，人不能欺。"曾国藩问："可不可给我一个评价？"部下面面相觑。最后，一位官员小声说道："曾公仁，人不忍欺。"众人都称妙，曾国藩十分欣慰。这件小事恰恰说明，曾国藩平常确实做到以诚待人。

诚实守信、说话算数的人，处事真诚、老实、讲信用，让人倍感踏实，自然胜友如云。

选择和诚实守信的人在一起，就等于选择一个真真切切的世界，那里没有尔虞我诈，没有貌合神离，只有可以直视的人心，永远不需要猜疑。

做事有度

俗话说，做人做事必有度，失度必失误。

在官场摸爬滚打、纵横几十年的曾国藩，做人做事尤其提倡外圆内方，内有操守，外有尺度。曾国藩手下有一员悍将，名为鲍超。一次，鲍超因与曾国荃闹矛盾，甩手不干了。曾国藩对其推心置腹："你撂挑子，懂内情的人知道你与老九闹意见。不懂内情的人，会怀疑你对朝廷不满。你这样做，很容易给别人留下攻击你的把柄啊。"

刚柔相济，外圆内方，有理有节，软中有硬，不走极端，才是正确的为人处世之道。曾国藩常说："留一分余地，可回转自如。不留余地，则易失之于刚,错而无救"。正是因为这份张弛有度,曾国藩做到身居高位且怡然自得。

很多时候,成败兴衰,浓淡缓急,就看如何把握分寸。不把话说绝,不把事做尽,能给别人留些体面,也给自己攒下情面。

与有分寸、懂尺度的人相识相知相交,是人生莫大的收获。

活得大气

"大气",是一种人格魅力。何为大气?古人云:"君子要忍人所不能忍,容人所不能容,处人所不能处。"

人一生会碰到很多事情:猝不及防的打击,始料未及的挫折,从天而降的好处,唾手可得的利益……切莫一见好事就喜形于色,兴奋得不得了;一遇坏事就愁眉苦脸,霜打的茄子一样,蔫头耷脑。

苏轼以独特的超脱摆脱命运的捉弄,从一个锐利傲慢的少年成长为一代文豪。被贬黄州,远离庙堂,仕途几乎断送,他救助弃婴,改变民俗。被贬惠州,偏僻荒凉,他改良农具,在乡野为百姓做些实事。被贬海南,在文化沙漠中他抄书育人,为孤岛开一方文脉。

所谓大气,是一种境界,是做人做事的风范、态度,是一种无形的力量。大气是一种纳百川、怀日月的气概,一种从容大方、胸有成竹的气量,一种成熟、宽厚、宁静的气度。当进则进,当退则退,沉住气,因势利导,才能破釜沉舟。

人活得大气,才能不被眼前的琐事困扰,放眼望去天地宽。

请远离不停消耗你的人

人生如旅,所遇之人形形色色,不必把所有人都请进生命里。余生很贵,无论交朋友还是谈感情,都要远离不停消耗你的人。

远离负能量满满的人

人与人之间,情绪真的会传染。

生活中,和开朗的人在一起,情绪容易被带动起来。和乐观的人相处久了,凡事愿意向好的一面看。而拥有负面情绪的人,看什么都不顺眼,一开口总是抱怨,受他们影响,身边的人往往会变得焦虑,甚至悲观。

人生苦短，风雨很多，远离总是负面情绪满满的人，多和积极乐观的人在一起，让心情多一些向上生长的动力。

远离一味索取的人

这世上，没有谁欠谁的。

很多时候，别人愿意帮忙是情分，不帮是本分。愿意付出的人，即使不期待回报，如果对方接受帮助后，觉得理所应当，甚至得寸进尺，那再热的心，也会渐渐冷却。生活中，对那些一味索取的人，该拒绝就拒绝，该翻脸就翻脸，不要让善良没有意义地被消耗。

你的好意和真情，要留给值得的人。

远离无所事事的人

人们都说，过于安逸的生活迟早会消磨掉一个人对生活的热情。殊不知，交到一个无所事事的朋友，也会打消你对美好生活的期待，让你甘于堕落，不思进取。毕竟在这个世界上，沉沦比拼搏更舒服，消遣比自律更容易。

远离小题大做的人

这个世界上总有一群人,揪住别人的小错误不放,开始翻旧账似的找出交往中的每一个问题。这样的人,不仅闲,而且累。喜欢抓住小问题不撒手,不断猜测、联想,直到小问题生成大矛盾,闹得鸡犬不宁。和这样的人在一起太累,久而久之,你的层次会被拉低,心胸会变小。

人生路上,将时间花在有意义的事情上,你将拥有广阔的胸怀和更丰富的人生。而一个人最大的成熟,就是时刻不忘提升自己。

多提升技能水平

在这个时代,从来都没有稳定的工作,只有稳定的技能。当你拥有不可替代的能力,你才有主动选择的权利。

常提升思维层次

你无法在制造问题的同一思维层次上解决这个问题。思维层次的差别就是思想高度之差,这带来的是全方位的差异。

要提升觉悟修养

明白在什么年纪,该做什么事。

读书的时候,他知道自己当下最重要的是勤奋上进,汲取知识,学好专业；工作以后，他明白自己要积极努力，尽可能利用时间来不断提升工作能力；成家以后，他懂得了肩上的责任，努力赚钱，给家人提供稳定的生活……有觉悟的人，总能在合适的年纪，选择做正确的事。

努力把该做的事情做到极致，这样的人自然不会差到哪里去。

正所谓，你把时间花在哪里，你的成就就在哪里。

社交中的5条黄金定律

交往中,你的言行举止左右着你的社交圈。下面5条黄金定律,让你处理人际关系更得心应手,生活越过越顺。

实力定律

心理学上,有个"跷跷板定律":人和人之间的关系,就像两个人踩跷跷板。长久维系,需要双方实力对等。如果彼此的实力不对等,这段关系就会像跷跷板一样失衡。

成年人的友谊,多建立在对等的基础上。要么给别人创造价值,要么向别人展现你的潜在价值。有效社交的捷径,就是提高自己的核心竞争力。

圈子定律

你知道猩猩每天需要给多少个同伴梳毛吗？英国进化心理学家罗宾·邓巴的研究证实，猩猩通过梳毛来交流。这种独特的语言，会在150个同伴之间传播。为什么？

为找到答案，邓巴开始研究英国人寄圣诞贺卡的行为。

他发现，一个人给多位朋友寄出贺卡，收到的回寄贺卡数量平均是153.5个，约等于150人有回应。

这意味着：即使你有成千上万的朋友，真正对生活起到推动作用的，只有寥寥150人。

这一颠覆性的结果被称为"圈子定律"：人类只能和150人建立实质关系。交往的人越多，成员之间的关系越淡化。

生活是个圈，把有限的时间花在有限的人身上，才能产生真正的交情，打造真正适合自己的生活。

错误定律

人们日常所犯的错误是把好的脾气留给陌生人,却把坏的脾气留给亲近的人。对亲密的人太苛刻,这就是"错误定律"。

现实生活中,你会发现一个扎心的事实:越陌生,越礼貌客气;越亲密,越无所顾忌。之所以会出现这样的反差,一个重要原因是,有人认为,外人不能得罪,家里人就无所谓,反正家里人不会记仇,也不会影响自己的利益。殊不知,一味地对家人刻薄,久而久之,家庭生活会出现危机。

愿我们都记住:幸福的家庭需要经营,每位家庭成员都应把好好说话作为对自己基本的要求。

评价定律

不必好奇别人怎样评价你,想想你是怎样评价他人的,这就是评价定律。这个定律告诉我们,别人是我们的一面镜子,我们对其评价其实就是自己在对方心目中的反射。

一个人如何评价他人,在很大程度上反映其人格特征。比如,你积极地看待他人，就能显示你具有积极的人格特征，对方对你的评价自然也是积极的。

在人际交往中，一方面，我们不要轻易评价一个人，因为许多事情并非眼见为实；另一方面，我们要多看他人的优点和长处，多给他人积极的评价，多传递正能量。

刺猬定律

一个寒冷的夜晚，两只刺猬拥抱在一起取暖。它们身上长满了刺，紧挨着就会刺痛对方。于是，两只刺猬拉开一段距离，不一会儿冷得难以忍受，它们又抱在一起。如此分分合合，折腾再三，它们终于找到一个不远不近的距离，既能够取暖，又不会被扎。

这个"刺猬定律"，就是我们说的"八分待人"。

人和人之间，最大的错觉是"亲密无间"。太不拿自己当外人，对任何关系来说，都是一场灾难。反之，对人"八分好"，留有界限感，才能拥有细水长流的感情。

《哲思·交往卷》

C

慢一点的关系，更长久

人与人之间，
最长久的关系是……

有位作家曾说："你走，我不送你；你来，无论多大风多大雨，我要去接你。"

人与人之间相处最舒服、最长久的关系，是相互信任、相互尊重，彼此珍惜。

互相信任，情才长久

"人而无信，不知其可也。"

人与人之间若失去信任，将是一个冷冰冰的社会。而维系情感和信任的，是双方的真诚付出。可谓欲先取之，必先予之。你我只有披肝沥胆、互利互惠、彼此信任，感情才能更稳更浓，甚至激发出更多可能。

爱情如此，友情亦是。

换位思考，彼此尊重

只有懂得尊重别人，才能为自己赢来尊重。

一直站在自己的位置上看别人，永远得出的都是片面的结论。而换位思考，愿意真正地考虑对方感受，才能创造良好的人际关系。

如果能够换位思考，将心比心，多点理解、包容、尊重、知足、放下，人生一定会多点成熟、幸福、获得、快乐、放松。因为，生命就像回声，你发出什么声音，就会收到同样的回响。

赠人玫瑰，手有余香。爱出者爱返，福往者福来。

你帮我一次，我记你终生

对于别人的帮助，要铭记于心；对于别人的扶持，要学会感恩。

近现代著名画家齐白石，有一幅画作名叫《雪中送炭图》，被人们津津乐道，其背后的故事更是让人深受感动。齐白石刚到北京时，其画作被人们认为太俗，根本卖不出去，导致他生活困顿，十分窘迫。机缘巧合，他结识了当时赫赫有名的梅兰芳。虽只是一面之缘，梅兰芳却对他十分欣赏。

有一日，齐白石参加一位大人物的寿宴，虽然来往的名流很多，但没有人注意到他，让其十分尴尬。梅兰芳一进门就看到齐白石，迎上去，将他介绍给大家。在梅兰芳的帮助下，齐白石的画作越来越受欢迎，个人名气也越来越大。成名后的齐白石丝毫没有忘却梅兰芳的恩情，专门画了一幅《雪中送炭图》送给梅兰芳，以感谢他在自己困难时出手相助。梅兰芳想学习画草虫，齐白石欣然答应，悉心传授毕生所学。

人与人相识于缘，相交于情，相惜于品，相敬于德。

珍惜才配拥有，在乎才会长久。

这世上，人心难测，真情难求，能有一段长久的关系，是一辈子的福气。心疼你的人，愿意用自己一生的时间陪在你身边，遇到了，请一定要好好珍惜。

好的感情，
是相互成就

有人说："爱是一场博弈，必须保持永远与对方不分伯仲、势均力敌，才能长此以往地相依相惜。"

其实好的感情，不是无尽地要求和盲目地奉献，而是一种良性互动，是共同成长、相互滋养、彼此成就。

关于爱情

互相差评的关系，注定不能长久。当一段关系出现问题时，不要急着否定对方，首先要做的是解决问题，这才是增进感情的秘籍。

单方面的成长，只会拉开双方的距离。如果爱情中总是一个人掌握主要节奏,另一个人只是附和,时间一长,表面上是合了拍,实际上将许多矛盾积累下来。如果一个人不断实现理想与抱负,另一个人不思进取、原地踏步,他们的差距越来越悬殊,最终难免走上陌路。

正如《幽兰操》中那句话:"合作如兰,扬扬其香;采而佩之,共赢四方。"

用相同的价值观,提升自我,并支持和成就对方,让双方在共同努力中相得益彰,绽放光芒。

关于友情

很多人走到后来才明白,真正的朋友往往都是始于志趣,合于性情,敬于人品,久于岁月。

真朋友大致有三种:第一种是有共同的理想,第二种是有共同的语言,第三种是有共同的爱好。

培根说:"对一个人的评价,不可视其财富出身,更不可视其学问的高下,而是要看他的真实的品格。"朋友相处,"三观"比五官重要,只有"三观"相同的人在一起,彼此才会感觉舒服。人品,是一个人可贵的通行证,也是与他人相处重要的品质。"这世上所有好的感情,都必然经得起时间的检验。"跟人品好的人深交，内心会感到笃定和踏实。

能够天长地久的友情，一定心心相印，彼此成就，共同提升生命的价值。

关于亲情

一位法国哲学家曾说：能够和家人和睦相处，这是人生的重大成就。

我们往往有雄心壮志，要在这个世界上轰轰烈烈地干一番事业，铸造辉煌。其实，平凡才是大多数人的人生底色，平凡的日子将相伴我们一生。

人很容易因日常琐事不断消磨变得麻木，对亲情变化不敏感，有必要经常提醒自己，不要忽略和错过人生中那些最珍贵的东西。

家人之间，相互滋养，方能彼此成就。

与人相处，
让人瞬间清醒的 3 句话

人是善忘的，但有些事不容易忘。忘记的是别人对自己的好处，而别人对自己的冒犯，往往耿耿于怀。

人生在世，处理好人际关系，需要记住三句话。

别把自己的脚伸进别人的鞋里

荣格曾跟学生说："你连想改变别人的念头都不要有。作为老师，要像太阳一样，只是发出光和热。每个人接收阳光的反应有不同，有人觉得刺眼，有人觉得温暖，有人甚至躲开阳光。种子破土发芽前没有任何迹象，那是因为没到那个时间点。永远相信，每个人都是自己的拯救者。"

其实细数人这一生就会发现，世间活法千千万，好的活法都有共同点：过好自己的人生，走好自己选择的路。

关系再好，尊重对方；管好自己，莫度他人。不打扰别人的人生，不将脚伸进别人的鞋子，是一种修养，也是一种美德。

无须和任何人都熟得太快

网上有人说过这样一段话："在这个年代，好像和一个陌生人熟识只要几分钟。几次聊天，几个饭局，就连刚认识的人，连对方性格都还不清楚就可以表白。快餐式的朋友，快餐式的感情，总觉得少了一些什么。"

与人相处切莫交浅言深，从点头之交的寒暄到坦诚相待的感情，都要经过一番酝酿和沉淀。有时候，始终保持一个安全的距离，才能不辜负他人，亦不伤害自己。

曾经听过这样一则故事。有人向大师请教："什么样的关系才最长久？"大师指了指院子里的花丛说道："当它还是种子的时候，它需要土壤你就提供好的土壤；当它开始萌芽时，它需要更多水分，你就浇灌足够的水分;当它花开之时,你只需要适当修剪,为它除虫即可。"到什么阶段就做什么事,急于求成,急功近利,势必适得其反,劳而无功。

人与人之间的感情亦如此。乍见之欢的激情热忱,终究抵不过久处不厌的陪伴与长情。慢一点的关系,更长久。

别辜负那些对你好的人

有人说,人生一场,难得几个真心朋友,该珍惜时要懂得珍惜,千万别错过。

亲情,经不起蹉跎。从呱呱坠地到长大成人,父母对你永远都有操不完的心。他们费尽心血将你养大,又操心你的工作,你的婚姻,你的下一代。然而,很多东西是等不起的,尤其是对父母的亲情。别再说什么来日方长,为父母多付出点关心和耐心。

友情,经不起冷漠。成年人的友谊,难得而易失,经不起半点冷漠和折腾。小时候,和朋友吵架,即使"断交",没过多久便和好如初且心无芥蒂。而如今,一旦透支了友情的容忍度,彼此就只有渐行渐远。该珍惜的友谊就不要自私冷漠,让朋友关系变得生疏。

爱情,经不起挥霍。人与人的感情是相互的,没有谁会一直拿自己的真心去换寒心。一个人愿意竭尽所能对你好,也许并非亏欠你,也不是你有多出类拔萃,而是因为爱着你,所以心甘情愿包容你、照顾你。有人对你好,是运气,有人一直对你好,一定就是福气。

看不惯一个人，
无须翻脸

网上流传这样一个人际关系定律：无论你走到哪里，遇到讨厌人的概率都是相同的，即使你屏蔽了这个，也会有新的补上来。

生命来来往往，难免会和你看不惯的人不期而遇。经历越多越明白，看不惯一个人，真的不必翻脸。

不争、远离、放下，皆是智慧

眼界不同，不必争辩。有言："常与同好争高下，不与傻瓜论短长。"和别人争辩他认知以外的事，无异于对牛弹琴，只会消耗我们的精力。因此，不与眼界不同的人争辩是一条富有远见的人生哲学，是一种大度。

层次不同,不必纠缠。不与讨厌的人纠缠,并不是怯懦,而是不想拉低自己的层次。正如诗人陆游在《书梦》中所写:"一笑俱置之,浮生固多难。"遇到讨厌的人和事,笑一笑就过去了,不必太当一回事。有格局的人懂得,与其纠缠,不如远离。

"三观"不合,不必为友。和对的人在一起,生活有如拨云见日;和错的人在一起,永远看不到未来。时间决定我们遇见谁,"三观"决定我们留下谁。相处不累,才能久处不厌。"三观"不合,那就各自安好,不必为友。

放大格局

有时,你看不惯别人的根源在于自己的境界不够。正如心理学上的"投射效应":你眼中的世界,就是你内心的投射。

一位作家曾说:"每个人说另外一个人,道理总是一箩筐。丈八的灯,照见别人,照不见自己。"做人,最忌讳的就是用自己的尺度去丈量别人生命的厚度,把别人的故事放在自己的显微镜下审视。社会就是一个大熔炉,每个人都有不同的方面。你对别人的百般注解,构不成万分之一的他,但暴露的恰恰是一览无余的自己。

德国哲学家康德曾说:"我尊重任何一个独立的灵魂,虽然有些我并不认可,但我可以尽可能地去理解。"

多一分将心比心,修养就上升一个高度;多一分换位思考,心胸就开拓一个宽度。

放下成见,心存包容;少纠结感受,多观察事实。如此,才能放大格局,迈向真正的成熟。

懂得自省

有人说,这世上最不值得的就是眼里装满别人的错误,却浑然不知自己脚下尚有很大的进步空间。

一个人若每日所见,皆是他人的行差踏错;每日耳闻,皆是他人的缺点纰漏,怎能有余力自省,而后精进?

只有打算一直在台下当观众的人才爱发出嘘声,而那些常常自省的人,则是在准备着有一天站上舞台。光是暗自嘲笑别人零分的答案,并不有助于自己得到满分的结局。不如把对方当成参照的样本,提醒自己避免掉进相同的坑里。

时常会听人说:"小人无错,君子常过。"抱怨者自困,自省者自度。如果你讨厌一个人,说明他还在你的视野里,只有你内心足够强大,才能让他从你的视野中消失。当你懂得自省,把别人的错误当作给自己的提醒,那么看不惯的人、事、物,都会成为你为自己铺的路。

人生最好的状态:拓宽心胸,包容而不苛责;站在远处,看淡而不自困;保持行动,精进而不空谈。

相处舒服，
才是最理想的社交状态

人与人的关系说复杂也复杂，说简单也简单，简单到"相处舒服"四个字足以形容。而要想达到相处舒服的状态，需要做到以下三点。

不对任何人期待过高

网上曾有人问：开心的秘诀是什么？有一个回答是，"永远不要对任何人期待过高"。就像一位作家所言："我慢慢明白了我为什么不快乐，因为我总是期待一个结果。"

经济学中有个公式：幸福 = 效用 / 期待值。也就是说，一个人期待值越低，越容易获得满足，越容易得到幸福。极端情况下，当你不抱期待时，生活反而处处都是惊喜；当你依靠自己达到"高效用"时，你才能过上你想要的生活。

人最聪明的活法无非是：减少依赖，降低期待，保持热爱。与其期待别人，不如依靠自己。

干脆拒绝，是一种高级的情商

你有没有这样的困惑：别人来找你帮忙，你不好意思直接拒绝，绞尽脑汁找了很多借口，结果对方觉得你这人不厚道。可有些人，一开始就直接拒绝，对方反而能够接受。

正如一位网友所言：我们都是成年人了，你不用对我撒谎、婉转，顾左右而言他。我并不生气你的拒绝，我只是生气你在浪费我的时间。干脆拒绝，其实是对别人负责。

我们总担心，拒绝如果不够委婉，就会伤了对方的面子。到头来却发现，高情商的拒绝方式，不是千方百计去找合适的理由，而是越干脆越好。如果自己的理由出于正当，不要害怕拒绝别人。当一个人开口提出要求的时候，他心里已经预备好两种答案。所以，给他其中任何一个答案，都是意料中的。

拒绝，有时可以让你变得更珍贵。不纠缠，有界限，懂拒绝，不消耗别人，也不消耗自己。

成年人的社交，都是靠实力说话

两个人之间，只有实力相当，才可以坦然相处。

当你真正强大起来时，才有更多选择的权利，才有被重视的资格，面对挑衅才能做出最有力、最有尊严的反击，也才有享受更好待遇的资格。

事实证明，一个人的幸福感，很大程度上取决于他的社交关系，而正是他自身的价值和实力，决定了他的社交价值。

不必和任何人都熟得太快

人也罢,花草及其他生物也罢,凡是想过度表现自己、用力过猛的,大多会使人扫兴,减弱其本来具有的魅力。

交浅言深,注定是一场灾难

宋朝有位李郎中,开了一家药铺。一天,突然有个得了怪病的人来到药铺,李郎中开了几帖药,便把病治好了。病人登门道谢,李郎中更是热情款待,备上好酒好菜,两人相谈甚欢。推杯换盏中,李郎中聊到自己在朝为官的邻居,还兴奋地说起这个邻居不为人知的糗事,两人一起哈哈大笑,惬意得很。

过了一段时间，李郎中的药铺突遭官府查封，不明所以的李郎中经打探才知道，原来是先前的那位病人将李郎中邻居的糗事传开了。李郎中只怪自己当初对病人还不熟识就口无遮拦，十分后悔。

正如作家劳伦·奥利弗所说："完全看错一个人是多么容易啊，只看见他们的一小部分就误解为全部，一想到这就全身发抖。"

所谓相见恨晚，不过是掺杂了自己想象中的完美。与人相处切莫交浅言深，始终保持一个安全的距离，才能不辜负他人，亦不伤害自己。

慢一点，更长久

诗人木心在《从前慢》里写道："从前的日色变得慢，车，马，邮件都慢，一生只够爱一个人。"

经历一段细水长流的感情犹如品一杯好茶，淡而不涩，清香但不扑鼻，就这样缓缓飘来，让人回味无穷。脚步放慢，情感放缓。经得起岁月推敲，耐得住时光流转，多给彼此一点时间与空间，才会有更多的来日方长。

人生中，有些人，只可远观不可近瞧；有些话，只可慢言不可说尽。关系不远不近，未必会很快离分；感情来得热烈，未必能长久持续。

无论什么关系,都慢一点开始,淡一点相处:朋友,淡淡交,慢慢处,才能长久;感情,浅浅尝,细细品,才有回味。

余生,愿我们对待每一份感情,慢一点,稳一点。

一个人靠不靠谱,
就看这8个细节

过去我们夸人用得最多的词,无非是"能力强""聪明""勤奋""自律""努力"……渐渐地,"靠谱"成了更高级的评价。以下8个细节告诉你,身边的人谁最靠谱。

收到会回复

生活中经常会遇到这样一种人:你通知工作,他迟迟不回复,导致你不知道任务是否传达成功;你找他咨询事情,他仿佛没看见你的信息,但下次他有求于你,就假装之前什么事情都没发生过一般,又来找你帮忙。

这样的人最容易被列入不靠谱的行列。

收到并回复，看似是一件很小的事情，但也从细节之处体现一个人是否靠谱。一个会认真回复他人信息的人，大概率是一个有责任心、有礼貌、很靠谱的人。

不占小便宜

爱占小便宜的人有时喜欢顺手牵羊，锱铢必较，吃不得眼前亏。短时间看来，确实获得一些小恩小惠，但最终可能失去做人的诚信与尊严，没有人再愿意跟他交往。

真正靠谱的人，永远不会为一些蝇头小利汲汲营营，更不会处处揩油算计。他们喜欢慷慨地帮助别人，不问回报。他们深刻懂得，自己想要的东西，自己努力获得才算数。

守时

靠谱之人，定会守时。他们会把自己的生活和工作按照时间表安排得井井有条，不会白白浪费自己和他人的时间。

一个总迟到的人，会把他人对自己的信任一点点消磨耗尽。因为，他不仅消耗别人的时间成本，耽误事情的进程，而且让别人由于他缺乏契约意识，把他列入"不靠谱"之列。

说到做到

当问及一个人是否靠谱的细节时，大家提到次数较多的是说到做到。例如，答应孩子的事情，就一定要做到，否则不仅降低他对你的信任度，而且对孩子责任心的培养极其不利。

诺不轻许，故我不负人。做承诺之前，一定要考虑清楚，能否兑现承诺。若不能，坦诚地解释原因，然后优雅地拒绝；如果答应，无论过程有多困难，也一定要兑现。

不吹嘘

孔子曰："君子欲讷于言而敏于行。"大意是说，靠谱的人说话谨慎、行动敏捷。换句话说，就是嘴上不吹嘘，踏实做好自己的事情。

靠谱的人，低调、诚恳。他们靠自己的才能和努力，兢兢业业、脚踏实地获取事业上的成功，建立威信和信任，从来不会吹嘘自己有多厉害。

踏踏实实做人、实实在在做事，有多大的能力说多大话、办多大事，这样的人才经得起时间的考验。

情绪稳定

情绪稳定，不仅是一种高级的情商，更是一种靠谱的能力。

每个人都会有心情不好的时候，但靠谱的人不会放任自己沉溺在或悲或怒的情绪里，而是会想办法消解负能量，以一种饱满向上的态度对待工作和生活，面对身边的人。

有底线

人有不为也，而后可以有为。

靠谱的人，心里都有一条红线，知道哪些事该做，哪些事坚决不做。他们审时度势，有所取舍，懂得权衡，不会逞一时之快或只顾眼前小利。

有一定的执行力

　　能够处理复杂的事务，是靠谱之人的硬核能力所在。靠谱的人有能力，有担当，不拖别人的后腿，与之相交省心又省力。

　　做一个靠谱的成年人，当困难来临的时候，希望你有足够的底气和能力对周围的人说："别担心，有我。"

真正聪明的人，
懂得"冷处理"

人这辈子，冷静是非常优雅的姿态。

王小波曾说："一味的勇猛精进，不见得就有造就；相反，在平淡中冷静思索，倒更能解决问题。"一个人最了不起的本事，是能控制自己的情绪。当心有怒气时，冷静下来再处理，才是聪明的做法。

有一种聪明叫"冷处理"

茨威格在《断头王后》里写过这样一段话："安静是一种很有力量的氛围。正如一只装满液体的瓶子，摇晃过后，一旦安放在桌子上就会出现沉淀物。人也是如此，经过动乱后的冷静思考，可以凸现出人性中不为人知的潜藏部分。"

一个人生气时还能做到理智思考，给自己回旋的余地，是一种智慧与能力。尤其是能够做到不冲动，不让矛盾再次升级，更是一种强大自信的表现、一种为人处世的修养。正所谓事急则缓，事缓则圆。冲动行事，过后多半只会为自己的鲁莽而后悔，为彼时的冲动而自惭。因此，当我们无法改变别人时，不妨试着改变自己，学着把矛盾放一放，把愤怒的心收一收，学会冷处理。

虽然人生在世，都有烦恼三千，但只要沉着应对，就没有过不去的坎。

遇事先冷静下来

有个故事，说的是一个人偶然得到一把弥足珍贵的紫砂壶，为了防止被盗，连睡觉都放在床头。

一次，他梦里翻身，将紫砂壶的盖子打翻在地。被惊醒后，他既心疼又生气，喃喃自语："壶盖肯定碎了，那我留着这个茶壶还有什么用呢？"遂拾起床头的茶壶将它扔出窗外，气呼呼地又睡去了。

不想，第二天起床后，他发现那只"碎了"的壶盖完好无损地落在床边的棉鞋上！那人欲哭无泪，又恼又悔，想起昨晚已经被丢出窗外的紫砂壶，独留一个壶盖还有什么意思呢？气得一脚把壶盖踩得粉碎！

谁料这人刚出门，抬头就看见那把没盖子的紫砂壶正挂在窗外那棵松树枝上……

很多人都替这个人感到可惜，倘若他遇事能冷静点，而不是只顾着发脾气和意气用事，也不会覆水难收。古人言：三思而后行。这便是提醒世人，无论遇到什么事，先冷静下来，理智地分析当前的情况，才能做出正确的选择。

靠谱的关系，需要点"冷淡"

长久的关系，往往都带点"冷淡"：不必每日联系，更不会故作寒暄；未必轻易想起，但绝不抛弃、不放弃。这样的关系，看似冷淡，实则"靠谱"。

"人与人之间最好的关系是什么样的？"有人这样回答："那大概就是，每一次见面，都有一种回到主场的感觉。"回到主场，意味着两个人即使经久不见，也能侃侃而谈，不拘谨，更不冷场。

凡事忌"满"，人和人之间的关系也是如此。

高情商的"冷淡"不是冷漠无情，而是能站在正确的位置，给别人留下足够舒服的空间，不干涉别人的选择和决定。这种"冷淡"就像一杯温水，让人舒服、心安。在人际交往中，适当"冷淡"一点，不要因为担心别人会讨厌自己而去迎合，也不要因为对方的只言片语让自己变成刺猬。

深层次的善良，
是一种智慧和能力

这个世界需要善良的人，但我们不能做盲目善良的人。善意要留给值得的人，不要给别人撑伞，淋湿了自己。

善良，是不动声色的成全

说话，是表达想法的一种方式；而沉默，也是表达关心的一种途径。

《道德经》里说："善行，无辙迹。"

不必宣扬，不必自我标榜，更不必吹嘘，真正的善良，大多是不动声色的成全。

不问人私。每个人或多或少都有一些不愿提及、难以启齿的事情。

不顾他人感受刨根问底，可能是在别人的伤口上撒盐。不要拿八卦当好心，更别把不顾及他人感受当成耿直。明知不问是善良，是一种对他人的体谅，更是自身的修养。

不戳人短。契诃夫曾感叹："真正的教养不是吃饭的时候不洒汤，而是他人洒汤的时候别去看他。"看透一件事并不难，难的是不说透。不拆穿别人秘密，不道破他人心思，不伤及他人颜面，不该说话的时候保持沉默，是理智的体现，也是善良的体现。

不动声色的成全，就是以推己及人的真诚给予别人最自在、最舒服的关怀。

善良，是一种智慧和能力

老舍家的旁边有一座寺庙，里面住着40多位盲人。每次路过时，他心里都很难过。老舍明白，一日三餐的供给显然不是长久之计，应该替他们的未来生活做打算。

老舍自掏腰包给那些会吹拉弹唱的盲人买来乐器，组织起一支盲人乐团，并为他们写乐谱、填歌词，一起排练。花了两年时间训练初有成效，他又找合作单位和场地，带着他们四处演出，并说服对方支付一定的劳务报酬。渐渐地，盲人们的生活有了起色。

"授人以鱼，不如授人以渔。"老舍的善良，给了别人热爱生活的能力、勇气和信心。这种善良，不仅需要内心的赤诚和爱，而且需要智慧和力量。

善良，一定要有点原则

有位禅师看到一只蝎子掉到水里，伸手将它捞起来，却被蝎子蜇了一下。没过多久，蝎子又落水，禅师还是伸手把它捞起来，又被蜇了一下。渔夫看见后便问："蝎子一而再地蜇你，你为什么还要救它？"禅师说："蜇人是它的本性，慈悲是我的本性。"这时，蝎子第三次落入水里，渔夫捡起一根树枝伸到水中，蝎子便顺着树枝爬了上来。渔夫对禅师说："慈悲没错，但首先要对自己慈悲。"

的确，在向善的同时，也要保证自己不受伤害，在对别人好之前，首先要学会不辜负自己。善良没有错，但不能毫无原则，你没有原则，对方会跨过你的底线。

关于人性的 12 个真相，
看完恍然大悟

1.人可以防御他人的攻击，但对他人的赞美缺少抵抗力。

当有人指出你的错处时，你心里难免不舒服，这就是人性。只有勇于接受批评:正视自己弱点的人，才能收获心灵的自由，赢得智慧的人生。

2.丧失谦逊，会影响自己的判断力;自以为是，会在前进的路上栽跟斗。

一些人有时刁言以逞其才，总认为自己正确，不考虑别人的感受，不考虑对别人的伤害，甚至沾沾自喜。做人切忌自以为是，盛气凌人。

3.放纵自己的欲望易生祸害,谈论别人的隐私易存罪恶,不知自己的过失易留隐患。

改变人生的三把钥匙:知止,不沉沦不放纵;沉默,不揭短不过界;自省,凡事先从自己身上找原因。

4.对于只有一把锤子的人来说,他遇见的每样东西看起来都像一颗钉子。

看别人不顺眼,处处都要挑刺,是因为自己的境界不够。成熟就是不断去掉"偏见",面对那些我们看不惯的东西时不再指指点点,而是尝试去包容和接纳。

5.人性里有一个特点很有趣:在意别人如何看待自己。

面对流言,不听;面对批判,不理;面对处境,不说。最终,你说的话,你做的事,决定你成为什么样的人,拥有什么样的人生。

6.没有单纯、善良和真实,就没有伟大。

单纯、善良和真实,犹如一粒粒种子存在于每个人的心里,只要细心呵护,就会破土发芽,开出名为"坚强""勇敢""积极"……五颜六色的花朵,而"伟大"就是其中特别美丽的一朵。

7.真正的平庸,并不是在社会上无所成就的平庸,而是精神和灵性上的空泛,一种内在的荒芜。

"功成名就"似乎成为"不平凡"的标志,但功名利禄未必能弥补精神上的贫穷,未必代表不平庸。精神的高贵赋予生命尊严,使生命繁盛。

8.孤独并不是因为身边无人,感到孤独的真正原因是,无法与他人交流最要紧的感受。

相识百人,不如知己一人。和所有人坦诚相待,同多数人和睦相处,和少数人常来常往,只与一人亲密无间。

9.世界很单纯,人生也一样。不是世界复杂,而是你把世界变复杂了。

抛却那些不重要的,记得那些有恩于你的人。让生活简单点,也让自己的心简单点。人生不如意十有八九,幸事只有一二。一路走来有苦也有甜,生活开心就好,做人简单就好。

10.有人相互蔑视,又相互奉承,他们希望自己高于别人,却匍匐在别人面前。

一辈子时间有限,感情更有限。有的人,你以为是朋友,到头来只是路人;你真心相待,也可能换不来对方的真心。当你认清那些虚伪的假面后,就别再傻傻付出,真情应该留给值得的人。

11.在缺乏教养的人身上,勇敢会成为粗暴,学识会成为迂腐,机智会成为逗趣,质朴会成为粗鲁,温厚会成为谄媚。

举手投足、待人接物,皆能见一个人的教养。教养不是逢场作戏,而是深到骨子里的品格。

12.人的精神有三种境界：骆驼、狮子和婴儿。

第一境界"骆驼"，忍辱负重，被动地听命于别人或命运的安排。

第二境界"狮子"，把被动变成主动，由"你应该"到"我要"，一切由我主动争取，主动担负起人生责任。

第三境界"婴儿"，这是一种"我是"的状态，活在当下，享受现在的一切。

  人生有百态，人生更有百味。有的人习惯忍耐，只能被动地接受命运的安排。有的人明白只有积极主动、乐于改变，才能成为命运的主宰。还有的人，把活在当下当成幸福的人生愿景。你的人生，又在哪个境界呢？

《哲思·交往卷》

D

珍惜才配拥有,在乎才会长久

余生，
请找一个和你频率相同的人

漫漫人生，遇到一个心灵与自己共振的人，我们才终于不再孤独。

频率不同才会关系变淡

小说《故乡》中，让人印象深刻的是鲁迅与闰土之间的友谊。鲁迅少年时，闰土是他最好的玩伴。他们一起在乡下刺猹、捕鸟雀、捡贝壳，留下许多美好的回忆。

20多年后，鲁迅重回故乡，一直期待着与闰土重逢。但两人相见时，闰土却恭敬地叫了一声"老爷"。正是这一声称呼让鲁迅明白，他们之间的距离已经太遥远。

年少时他们步调一致，分别后，鲁迅一直在大步向前，闰土却留在乡下原地踏步。走过的路、看到的风景全然不同，那么，分道扬镳、各行其路，便成了故事的结局。

最好的感情是同频共振

不光是友情，爱情也是如此。

纪录片《人生果实》记录了建筑师津端修一与妻子津端英子的暮年生活，无数人被津端夫妇的爱情故事所打动。

津端夫妇在日本名古屋附近的郊区有一幢深处林间的小木屋和一个别致的小院，他们相扶相携，不紧不慢地用心生活，将一块菜园精心经营40多年，就如同经营他们的爱情。英子从小就喜欢接触泥土，梦想有一块属于自己的菜地，修一懂得她的喜好，所以费尽精力为她打造了这个院子。往后的每一天，两人就在这片用爱打造的梦中田园一起劳作：种树、种花、种蔬菜，做果酒、果酱，做水果点心……他们没有把辛苦的劳作当成负担，而是当成生活乐趣。

他们有共同的生活目标，即"越来越美丽的人生"。

因为共同的目标，因为心灵上的同频，他们一屋两人三餐四季，拥有了幸福。所以,在任何一段关系中,只有和频率相同的人在一起,感情才能走得更远。

频率相同的人懂你悲欢

一生太长,如果不能和频率相同的人生活该有多累;一生太短,如果不能和频率相同的人生活该有多遗憾。

史铁生在《务虚笔记》里说:"残缺就是孤独,寻求弥补就是要摆脱孤独。当一个孤独寻找另一个孤独时,便有了爱的欲望。"频率相似的人,即使翻山越岭,也终会相聚在一起;磁场不合的人,即使朝夕相处,也终究不是一路人。

要始终相信,这世上一定有和自己频率相同的人,那人未必是恋人,但可能是任何人。

别轻易弄丢那个对你好的人

对你好的人并不多,弄丢了,也许就再也遇不到。

别忽略真正对我们好的人

人生中,有一份感情很容易被忽略,就是身边人对我们日复一日的照顾和付出;有一种遗憾尤其让人痛心,就是当你想去弥补这份感情时,却再也没有机会。

你可以任性地对父母发脾气,可以不在乎他们的感受,甚至可以做很多糟心事让他们难过。因为你知道,无论你怎么折腾,父母永远不会抛弃你。可是,你并不知道明天和意外哪一个先来。不要总惦记着外面的世界，而忘记把你带到这个世界上的人。父母用最好的年华供养我们长大，就让我们对他们多一些耐心，多一些关心，多一些依赖，多一些回报吧！

你对我一分好，我回你三倍真

有人说，我们只需要在乎两种人：自己喜欢的人和对自己好的人。

对喜欢的人好，是本能；对善待自己的人好，是感恩，也是修养。

丰子恺曾说："你若爱，生活哪里都可爱。你若恨，生活哪里都可恨。你若感恩，处处可感恩。"你对我一分好，我还你三倍真。常怀一颗感恩的心，千万别让对自己好的人寒了心。毕竟，世界上有来路不明的恶意，却不多理所当然的善意。

感恩别人的每一份给予，因为他原本可以不这么做。

别等到失去了，才懂得回头

你有没有弄丢过一个人？你一边享受着对方给你的好，一边又漠视对方的存在。

平淡的日子，容易让人习以为常，而忽视对眼前的人的关注和关心。世界上有几十亿人，但一辈子能一直在乎你，对你好的人，可能没有几个。

越长大，你越会发现，不是所有的好都是理所当然。不是所有人，只为一顿团圆饭，会等你一晚上；不是所有人，都会忍受你的臭脾气和坏习惯，还能为你洗手做羹汤；不是所有人，都会尽最大的努力为你遮风挡雨，安慰你，陪伴你。

"被偏爱的有恃无恐"，是对那些爱着你的人极大的伤害。一颗心被伤了太多次，也会慢慢变得麻木。一个人被你冷落太多次，也会渐渐离开。

人与人之间，相识不容易，相知更是难上加难。不要轻易弄丢那个对你好的人，别等到失去才懂得回头。如果能在对的时间里，及时回馈那些对你好的人，或许未来可以少几分遗憾。

朋友间关系再好，
也别忽略这些细节

人生能得两三知己，实为幸事。

无论什么关系，都需要用心去维系。朋友间关系再好，也别忽略这四个细节。

别忽略沟通

有句话说：这世上误会大都来自不理解，矛盾生于不沟通，错过源自不信任。

任何一段关系，若是缺乏沟通，很可能会变成一个人的独角戏。每个人都有自己的想法，老是玩"你猜我在想什么"的游戏，最终消耗的是彼此间的感情。人与人之间难免会有这样或那样的误会，若一味地按照自己的想法去揣测别人，而不主动寻求沟通，只会心生猜忌，让关系越来越远。

俗话说：木不钻不透，话不说不明。不管有什么想法、打算、计划，即使意见不合，都要第一时间说出来，坦诚相对、及时沟通。而不是选择沉默、冷战，更不是靠拖延，使原本的理解变成误会，隔阂越来越大，让感情走到尽头。

不愿说理是固执，不会说理是"傻瓜"，不敢说理是"奴隶"。沟通应是两个人走到一起的第一步，而不是最后一步。

别抱有过多期待

人与人之间的感情本就脆弱，所以不要高估任何一段关系。即便朋友间关系再好，也别抱有不切实际的期待。这话初听有点刺耳，细细想来却是人性使然。毕竟人心不是等价交换的商品，你永远无法知道自己在对方心里的分量。

你可以对他人有所期待，但一定要把握好度。期待能实现固然好，即便一时实现不了，也不要太影响心情。朋友关系再好，不帮你是本分，帮了你就要懂得感恩。当你降低了对别人的期待,关系就会轻松很多;当你不抱期待时,生活也许会出现惊喜。

换位思考,是一种善良

我们在和朋友交往时,常常犯"自说自话"的毛病。说到底是少了同理心,缺乏共情能力。和朋友开玩笑时,多去想想这种开玩笑的方式他能否接受,自己的玩笑有没有戳中别人的痛处;与朋友分享自己成功的喜悦时,也别得意忘形,多去想想朋友是否正在为其他事焦心不已。

试着换位思考,多替别人着想,理解别人的难处,感恩自己的幸运,你会觉得豁然开朗。

不必迎合,无须讨好

不知从什么时候开始,为了让自己"八面玲珑",在人际交往中如鱼得水,我们给自己戴上一张叫"讨好"的面具,努力去活成别人期待的样子,以为这样就能换来人脉,交来朋友。然而人与人之间的关系，如果靠附和、讨好来维系，注定不能长久。无原则甚至突破底线般讨好，只会让你的付出变得廉价，更难赢得对方的尊重。所有靠讨好赢来的关系都不会是健康稳定的关系，越是需要费力维持的感情，越是脆弱。

毕淑敏说："我们的生命，不是因为讨别人喜欢而存在的。"不用讨好、无须逢迎，彼此尊重的关系才相处不累，最为舒服。余生不长，不讨好、不谄媚，慢慢去筛掉那些费力的"友谊"吧。最后能留下来的就一定是发自内心地接纳和欣赏你，愿意一辈子陪你走下去的人。

一段久处不厌的关系，
离不开这4点

人这一辈子，总要和各种各样的人交往。一段久处不厌的关系，大都做到以下四点。

久处不厌，离不开坦诚相待

与人相处，态度往往能决定关系的长久。你对他客客气气，他自然对你彬彬有礼；你对他有所隐瞒，他不会对你敞开心扉。人与人之间是相互尊重的。你的鼎力相助会换来他的雪中送炭，你的坦诚相待会换来他的直言不讳。

久处不厌的关系，不需要互相猜忌。如果连沟通都不顺畅，各自藏着掖着,生怕对方觉得有利可图,又怎能收获理解和信任?久处不厌的关系,是你可以分享你的喜怒,我可以彰显我的优势,不嘲笑谁,也不贬低谁。

久处不厌,需要用心

战争年代生活困难,杨绛一面操持家务,一面创作戏剧。赚些稿酬贴补家用,间或还能买些肉吃,给丈夫、女儿改善生活。钱锺书时常感叹家有贤妻,为回报妻子的爱心,他变得得百般体贴。早饭总是由钱锺书来做,烤面包、热牛奶、煮"五分钟蛋"、沏又浓又香的红茶。

虽是些小事,但一想到是为家人而做,总能乐在其中。用心过好与家人相守的每一天,平淡中隐藏着真正的幸福。

久处不厌,需要耐心

钱锺书自小被唤作"大阿官",被认为是不会做家务的"生活白痴"。杨绛生孩子住院期间,钱锺书独自生活。他到医院探望杨绛,总苦着脸对夫人说:"我又做坏事了。"今天洒了墨水,把房东家的桌布染了。杨绛说:"不要紧,我会洗。"明天又不小心把灯给砸了。杨绛问明是什么灯,说:"不要紧,我会修。"无论发生什么事,杨绛都会耐心十足地对他说"不要紧"。也因此,钱锺书对夫人充满信任和感激。

朋友之间也是如此,乍见之欢,只需要一时的欣喜;久处不厌,却需要持久的耐心。

久处不厌,要分清彼此

好的友情需要守住底线:该出场时出场,该避开时避开。即便是最好的朋友,也不过多地干涉对方的生活,不以"我是为你好"为理由,对他人的人生指指点点。

与人相处倘若没有分寸感,你以为的幽默,也许在别人看来是没教养;你以为的无关痛痒,却可能悄悄摧毁了信任的桥梁。所谓"伟大的友谊",不是事无巨细地"关心"对方的生活,而是既可以互相扶持,又能保持安全距离;既能做到惺惺相惜,又能学会和而不同。

无论是恋人、朋友,还是亲人,学会经营久处不厌的关系,才能让彼此变得愈加紧密。

人与人相处，
最怕"有话不说"

有这样一种说法：我不问，你不说，这就是距离；我问了，你不说，这就是隔阂；我不问，你说了，这就是信任。

到了一定年纪你会发现，人与人相处，很重要的就是坦诚相待。走着走着才明白，真实牢靠的感情，离不开有话直说。

说者真诚，听者豁然，关系才能清爽。

世间所有的情感，大都忌讳"有话不明说"

你有没有这样的经历：和朋友聚餐，询问吃什么，对方说随便，过后又责怪自己不够体贴；明明是生气了，询问他自己哪里做得不好，对方又不愿意说。转弯抹角多了，让人觉得虚伪；猜来猜去多了，让人感到心烦。这个世界上的很多感情，都开始于你一言，我一语，结束于你不言，我不语。

有朋友说，温暖的亲情是愿意对家人倾诉忧愁，甜蜜的爱情是懂得对爱人表达心意，长久的友情是能够对朋友流露诚挚。再亲密的关系，都需要把话说出来。大家都希望，没有虚与委蛇的伪装，只有发自内心的真诚。

有话就说，减少误会

《吕氏春秋》记载着这样一个故事：孔子周游列国，因兵荒马乱，三餐以野菜果腹，随行的人很久没有吃米饭了。一天，颜回好不容易要来一些大米煮上。饭快煮熟时，孔子看到颜回掀起锅盖，抓了些白饭吃，孔子当时装作没看见，也没去质问他。

饭煮好后，颜回请孔子进食。孔子装作刚睡醒的样子说："我刚刚梦见祖先来找我，所以我想把干净的、还没人吃过的米饭，先拿来祭祖先。"颜回立即慌张地说："不行，这饭我已先吃一口了，不可以用来祭祖先了。"孔子问："为什么？"颜回红着脸说："我不是故意把饭先吃了，而是在煮饭时，有灰不小心落在饭上了，染灰的白饭丢了太可惜，所以我抓起来吃掉了。"

孔子听了后，反思自己没有及时和他沟通就以为他嘴馋偷吃，差点怪罪于他。

我们与他人相处时，若不及时沟通，只按照自己的想法去揣测别人，难免心生猜忌，导致彼此不信任。有话就说，才能减少矛盾和误会。

有话直说，真心待人

网上有个提问"如何提升自己为人处世的能力？"有一个回答是"有话直说，不要总是让人去猜"。

不是每个人都有耐心陪你的，有什么话就直接说，绕来绕去不仅浪费双方精力，而且延长了解决问题的时间。

人与人之间，最舒服的关系是：有难处可以直接说，有问题可以直接提，有不对的地方可以直接指出来，而不用互相猜忌、彼此怀疑、疏远冷落。

有话直说，就像拨开迷雾看见暖阳，生活才能透进阳光。

成年人理想的社交状态：找到"三座靠山"

不对任何人期待太高

适当的期待可以理解，但过高的期待，只会让人陷入欲望的泥潭，无法自拔。

对爱人期待过高，会容易放大对方的缺点，忽略对方的付出，伤了彼此感情；对父母期待过高，抱怨父母没给自己创造好条件，不仅让父母伤心，也让自己消极自卑；对孩子期待过高，总责怪孩子不争气，不仅孩子难受，而且自己会变得暴躁易怒。

可以对身边人有所期待，但一定要把握好度。期待能满足固然好，即便一时实现不了，也不要太影响心情。当你降低对别人的期待，关系就会融洽很多。

记住一句话,对人期待越少,自己心情越好。

敢批评你的人,值得深交

有人说,人的视野只有180度,而生活是360度的,剩下的180度需要别人来指点迷津。

俗话说,"一样米养百样人"。有些人只考虑自己的利益,即便看见你的不足,也会当没事人一样掩盖过去。真正敢公开指责你的人,实为诤友,他才是真心期盼你进步的人。

何为知己?冯梦龙说:"恩德相结者,谓之知己;腹心相照者,谓之知心;声气相求者,谓之知音。"

敢批评你的人,是贵人。接受批评,才能成为更好的自己。

找到自己的"三座靠山"

第一座靠山:自己。

布莱希特说:"不管我们踩什么样的高跷,没有自己的脚是不行的。"

靠别人得到的东西，可能会因为德不配位，惹祸上身。

靠别人，战战兢兢；靠自己，踏实安心。别人给我们的，可能只是一盏灯，只有做自己的太阳，才能照亮人生更远的地方。

第二座靠山：人品。

俗话说："人无信不立，业无信不兴，国无信则衰。"一个人的人品，决定其人生的高度。

"物以类聚，人以群分。"人品好的人，自带磁场，哪怕身处逆境，也不缺少雪中送炭的真朋友。

第三座靠山：积极的心态。

心若向阳，无惧悲伤。

积极的心态，足以让人驱散心中阴霾，让人对生活始终充满热情与希望。"真正的正能量，使你活成了光源。"

高级的修养，
是看谁都顺眼

现实生活中，有一种人：看谁都不顺眼，遇见什么事都想指手画脚。结果呢？闹得别人不舒服，自己也生一肚子气。

看别人不顺眼，某种程度上是自己的修养不够。

你看到的世界，也是内心的折射

王阳明说："天下无心外之物。"

其大意是说，万事万物都是人内心的投射。例如，一个善良的人，目光所及之处皆为美意；一个恶人，他眼中的世界荒芜阴冷。

现代心理学研究指出，一个人会更厌恶那些跟自己有类似缺点的人。也就是说，一个人如果在外界看到类似自己的缺点，那么他会越发生气，越发排斥。那些总说别人愚蠢的人，其实是对其智力不够自信；那些总说别人"物质"的人，可能才是真正的拜金主义者。

成熟的人，尊重差异

著名哲学家罗素说过："须知参差多态，乃是幸福的本源。"越成熟理智的人，越能看到世间万物的多面性，便越能包容和尊重他人的不同。正所谓"君子和而不同"，在具体的问题上不必奢求一致，但不妨碍彼此欣赏。

北宋两大名相，都有此胸襟。

司马光，保守派；王安石，改革派。两人互为政敌，都认为对方的主张荒谬至极。司马光落魄时，皇帝让王安石评价司马光，王安石说，虽然我俩政见不同，但他不失为国之栋梁，他的人品、能力、才学都是很高的。司马光因此得以全身而退。后来，王安石遭到弹劾，皇帝询问司马光的建议，他恳切地说："王安石疾恶如仇，胸怀坦荡，忠心耿耿，有古君子之风。"后人将他俩的这段故事美誉为"君子之争"。

有利益之争的人尚能如此，更何况在生活中，看不惯的大多是无关紧要之人呢?

做人非常忌讳自以为是,用自己的尺子去度量别人的人生,把别人的生活放在自己的天平上称重。世间千姿百态,人人生而不同,用自己的标准去评判别人的答案,分数不一定很高。

有智慧的人,都懂得尊重别人多彩的人生。

高级的修养是看什么都顺眼

孔子曰:"君子和而不同,小人同而不和。"这代表一种不偏不倚又包容大度的处世智慧。在中国传统哲学中,"和而不同"既是一种世界观,也是一种为人处世的价值观。

理解别人是一种涵养,尊重不同是一种境界。

真正成熟的人,对于别人说错的话、做错的事,不会放在心上,更不会因别人的过失而影响自己的心情。真正成熟的人,心中充满的是善良、宽厚、仁爱等美好的东西,眼里看到的都是和气、诚挚、热心的好人,对那些恼人的是是非非视如无物。

晚清名臣左宗棠,曾在江苏无锡梅园题过一副对联:

发上等愿,结中等缘,享下等福;

择高处立,就平处坐,向宽处行。

如其所言:为人处世应当高瞻远瞩,稳重低调,多包容,留有余地。当你眼光长远了,心中就会宽广,因为看到的风景多了,对待万事万物的变化就会平和许多。

人生在世,成大事者,必有度事之量,亦有容人之心。真正高情商的人,往往看什么都顺眼。

人到中年，
需要这 3 个知己

人生就像一列急驰的火车，素昧平生的乘客在旅途中相遇、相识、相知。沿途经过若干车站，我们陆续下车，奔赴各自目的地，于是就有了"人生得一知己足矣"的幸运和"天下无不散之筵席"的感慨。

人到中年，无需相识满天下，只需有这三个知己，便足以慰平生。

真正懂你知你的人

曹雪芹在《红楼梦》中说："万两黄金容易得，知心一个也难求。"知心朋友，千金难求，一生中能遇见一个便是万幸。

俞伯牙与钟子期，就是一对千古传诵的至交典范。俞伯牙善于演奏,钟子期善于欣赏,这就是"知音"一词的由来。后钟子期因病亡故,俞伯牙悲痛万分,认为世上再无知音,天下再不会有人像钟子期一样能体会他演奏的意境。所以就"破琴绝弦",把自己最心爱的琴摔碎,终生不再弹奏。

酒逢知己千杯少,话不投机半句多。

人和人的交往,终是要有所求的,除了求利益之外,无非就是求一个舒服,求一个融洽。如果没有心灵层面的相通,两个人表面上就算再要好,时间长了也容易慢慢冷淡。

人与人之间,贵在相知,相知方能长久。真正知心的朋友,带给你的不是形式上的寒暄,而是发自内心的欣赏、一如既往的支持。

肯对你说真话的人

多数人都会觉得,身边敢对你说真话的人不是很多。

俗话说,真话难听,好话易说。大家都忙着自己的生活,对别人的事情发表意见,很多时候都是怎么省事怎么来。说真话容易得罪人,不如敷衍几句来得轻松。

但是,如有那么一个人愿意对你掏心窝子说句真话,对你时时提醒,就能让你时刻警醒。很明显一个愿意给你忠告、指出你不足的人,一定是希望你能够有所作为的人。

拥有正能量的人

在我们身边也许会有几个所谓"铁杆朋友",在你特别需要帮助时消失得无影无踪。

好在总有一些心怀正能量的朋友,在你情绪低落时陪伴你,在你想要放弃时鼓励你。和正能量的人在一起,满身都会感到阳光般温暖。

正如汪国真在诗中所写:有一天,我们真的相遇了,万千欣喜,竟什么也说不出,只用微笑说了一句,能够认识你,真好。

人生路漫漫,莫怕孤身行。总有一天,你会遇见那么几个人,用最真挚的灵魂,和你交换最炙热的真心,陪伴前行。

真正的高贵，
是把别人放在心里

要想获得别人的信任，就要从细节做起，把别人放心里，这样才能得到真诚的回报。

心里装着别人，是基本的礼貌

在公共空间里，一个人的基本素质一望而知。

胡适曾经教育儿子说："合群有一条基本规则，就是时时要替别人想想。时时要想想'假如我做了他，我应该怎样？我受不了的，他受得了吗？我不愿意的，他愿意吗？'能这样想，便是好孩子。"

乘坐电梯时别急着关门，等一等后面的人；开车经过水坑时减速慢行,别让泥水溅到行人身上;雪天路滑,多给外卖员留点时间,不要轻易给差评。

眼里总是关注着别人,心里总是装着别人,是好人品的表现。

心里装着别人,是人生大智慧

著名文学家、戏剧家夏衍临终前,感到十分难受。秘书说:"我去叫大夫。"正在他开门欲出时,夏衍睁开眼睛,艰难地说了一句:"不是叫,是请。"随后昏迷过去,再也没有醒来。

改动一个字,感动所有人。

理想的交往应是有尺度、有分寸的交往,以尊重铺底,从不将人分三六九等,区别对待。聪明人懂得尊重,也有所敬畏,懂得尊重别人等于尊重自己。

有句话说:"人而好善,福虽未至,祸已远离。"能把别人放在心里的人,也会被别人放在心里,收获信任与尊敬,这本身就已经是一种福气。

能为他人着想,才是人生大智慧。

15 个简单却警醒的定律

总有一些定律,简单、真实又深刻。

1. 错误定律

别人全部都不对,那就是自己的错。同理,你把所有人都当傻瓜,那一定是自己傻到了家。不愿承认自己的错误,或者是活得太"聪明",都会让别人远离你。所以,遇到问题时,不要一味从外部找原因,向内求解才是正途。

2. 成就定律

你可能因平庸而缺少朋友,因为他们觉得和庸人交往很难提升自我;你也可能因卓越而失去所谓"朋友",因为他们嫉妒的往往不是陌生人的飞黄腾达,而是身边的人平步青云。

3. 种花定律

种花者周围满是鲜花,种刺者身边满是荆棘。善待他人,最终有利于自己;与人为敌,自己也会缺少帮手。理解别人就是善待自己,广结善缘,也会为自己积攒好的运气。

4. 不完美定律

生活告诉我们,这个世界从来不存在完美的人和事,过于完美的感情,只发生在童话和想象中。现实中,除了五彩斑斓,还有一地鸡毛。

5. 速度定律

十倍速亲近你的人，大概率会在未来某个时刻以十倍速离开你。一段好的关系，不怕慢慢来，因为它需要你用热情、真诚用心经营。

6. 情绪定律

好情绪是人际交往的润滑剂。作为成年人，你需要用理智来驾驭情绪，控制社交中的情绪波动。没有人会无条件地接受你的坏情绪，负能量多了，只会让人加速远离你。正确认识并管理好你的情绪，经常笑一笑，多释放善意。

7. 加减定律

提高社交质量的秘诀，就是将时间和精力更多地倾注在"把自己变得更优秀"这件事情上。因此，在40岁之前，要学会做加法，提高阅历和见识，不断充实自己，无论是知识储备还是内涵修养。40岁之后，开始学会做减法，远离身边阿谀奉承的所谓"朋友"。低质量的社交，不如高质量的独处。

8. 方圆定律

人不能太方，也不能太圆。太方的人，只以自己的认知为原则，性格中的棱角容易伤人；太圆的人，只以自己的利益为中心，过于圆滑而缺少真诚，容易让人远离。

9. 孤独定律

在这人世间，有些路只能一个人去跋涉。路再长再远，夜再黑再暗，也得独自默默地走下去，不要奢望完全依靠谁。心系一处，自走自路，能在孤独中心静如水，才能在纷扰里安然无恙。

10. 高调定律

大多成功人士懂得谦卑的重要性，常常慎言慎行，如履薄冰；一些涉世不深的年轻人，常常抛去一些顾忌，野蛮生长。有些人却搞颠倒了:年轻时做事畏首畏尾,最终一无所成;取得点成绩后却胆大妄为,迷失初心,最终一败涂地。

11. 交往定律

不要跟三观不同、眼界不同的人争辩,更不要跟他们做朋友,因为你们的心灵无法同频共振,终究会分道扬镳。

12. 谈话定律

最使人厌烦的谈话有两种:一是从来不认真思考,或言语伤人,或言之无物;另一种是从来不想停下来,咄咄逼人,不愿聆听。

13. 赞美定律

人人都喜欢得到赞美和奉承,人人都不喜欢被指出痛处,但是切记:好听的话让你开心,有时却能伤害你;难听的话让你觉得刺耳,但是可能让你警醒。阿谀奉承多小人,直言不讳真君子。

14. 嘴巴定律

　　管好自己的嘴,无论是在饮食、工作和爱情中,不吃没营养的东西,不说伤人的话,不与陌生人交心。

15. 流言定律

　　流言是写在河水上的字,注定不持久,但是又传得飞快。

《哲思·交往卷》

《哲思·交往卷》

边界感决定人际关系的高度

与人交往，尽量少说 3 件事

《菜根谭》中："口乃心之门，守口不密，泄尽真机。"

真正厉害的人，说话谨慎，懂得谨言。

自己的秘密

每个人都有自己不愿提及的往事，有的人将这些秘密深埋心底，轻易不愿示人。这是对自己的保护，也是对过往的尊重。有的人心里却放不住秘密，总要拿出来分享，想要获得一些慰藉。于是，秘密很快就会成为别人嘴里的谈资，本人也会因此成为别人评头论足的对象。

保守秘密时，秘密是忠仆；泄露秘密时，秘密是祸主。

害人之心不可有,防人之心不可无。不要随便诉说自己的秘密,以免给人留下口实。守住自己的嘴巴,有时候就是守住自己的内心领地,守住自己的安全。

内心的抱怨

怨天尤人者,无论在哪儿都不受待见。因为,抱怨来抱怨去,该解决的问题没解决,周围人会渐渐疏远。

曾国藩在湖南练兵,没权没钱没兵,还被当地兵痞欺辱。他却打脱牙齿和血吞,从未向别人抱怨过。忍着一口气,默默前行,终于练成湘军,成就一番事业。

作家三毛说,偶尔抱怨一次人生,可能是某种情感的宣泄,也无不可,但习惯性抱怨而不求改变,便是不聪明的人了。要知道,不做任何性质改变的抱怨,只是毫无价值的情绪宣泄。况且,抱怨改变不了任何事,事后的抱怨大多数只是对自己无能的掩饰。

最有效的解决办法:与其抱怨,不如改变。

少评论别人的苦难

越是年长就越是明白,每个人都有自己的世界。我们无法奢求所有人都能对他人的苦难感同身受,但希望每个人怀有慈悲之心。正如网上那句话所说的:"他说得绘声绘色,听的人也津津有味,可刀割到身上的时候才明白有多痛。"

归根结底,说话就像铺路。

有的人仅凭一句话,就能得到一个机会;有的人一出口就得罪人。事后万般懊悔,想要补救,却为时已晚。更重要的是,有些话的杀伤力是不可逆的,对别人的伤害也无法弥补。

好好说话,其实考验的是一个人内心向善的能力。心地善良可以包容一切,接纳不完美,才会用舒服的方式与人共处。人生能走多远,很大程度取决于你与谁同行,你们的心能走多远,你们的目光能看多远。

少说丧气话,不说伤人的话,才能与人相处舒服,活得自如。

好好说话，
是一个人难得的修养

说话，很多时候能看出一个人的修养。

为什么有的人很难好好说话

好好说话需要调用理性脑的力量

《认知觉醒》一书提出，我们的大脑分三重：本能脑、情绪脑和理性脑。

面对矛盾时，情绪脑告诉你，要感到愤怒，还以颜色；或者感到悲伤，引起同情。而理性脑则告诉你，得好好说话，寻求矛盾的解决方案。但大脑特性决定了，情绪脑没这么好说话。

（1）我们的大脑里大约有 860 亿个神经元，而本能脑和情绪脑拥有近八成神经元，所以它们对大脑的掌控力更强。

（2）情绪脑的运行速度极快，至少可达 11 000 000 次/秒，而理智脑的最快运行速度仅为 40 次/秒，相比起来简直弱极了，并且理智脑运行时非常耗能。

理性脑力量小，运转速度慢；情绪脑力量大，运转速度快。

情绪化表达是我们最原始的本能，力量强、反应速度快、且省力。因此，好好说话的难点在于调用理性脑的力量。

挫折容易引发攻击

心理学家曾提出"挫折—攻击"理论，即当我们预期得到满意的结果，却在行动过程中遇到阻碍时，挫折便会产生，而挫折总会导致某种形式的攻击。

不能好好说话，往往就来自期望和现实之间的落差。

情绪化表达容易上瘾

为什么有人总不能跟家人，特别是父母好好说话？就是因为他们觉得对亲人恶语相向的不利影响小，对方也很少还击，经常会让步。

有心理学家说,情绪表达是本能,好好说话是"反本能"。因此,好好说话,体现着一个人的自控能力和修养。

好好说话,从提升情绪反应的阈值开始

既然情绪化表达是难以克制的本能,那么我们管控情绪变化最好的办法就是提高情绪反应的阈值,让坏情绪没那么容易发生。也就是说,处理好自己的情绪,是好好说话的第一步。

其实生活中大多数的人和事,都不必特别在意,经常发脾气反而平白损耗时间和心力。例如,亲人朋友之间的矛盾纷争,大都是些琐事,没有必要花大量精力去争输赢。

好好说话,需要停止指责

亲人之间的沟通要少一些相互责怪,多一些理解和换位思考。

例如,能说"对的",就别说"你说呢";能说"我不知道",就别说"我怎么知道";能说"没关系",就别说"那你还想怎样"……

所以,从现在开始,换一种说话方式,温柔地表达爱。

好好说话,需要把握分寸

《论语·季氏篇》中,孔子曰:"言未及之而言,谓之躁;言及之而不言,谓之隐;未见颜色而言,谓之瞽"。

不该说话的时候说话,是急躁;该说话的时候不说,是隐瞒;不察言观色就贸然说话,是盲目。凡事过犹不及,说话要分场合,讲究时机。

话到嘴边留三分,谨言慎行,会让沟通更加顺畅。说出口的话,不是简单的汉字组合,而是一个人内心情感的流露。会说话的人,总是能用最有分寸感的语言表达最真实的关怀。把话说到得体,是一门艺术。

无论和谁交往，在这 4 件事上千万不要太"大方"

大方，固然是一种美德，可以赢得他人的好感与尊重。可一旦过了头，好心却不一定有好报。不是所有人都值得我们"大方"，也不是所有事都能够"大方"。人生路上，别太大方，要学会拒绝，学会坚持原则，学会善待自己。

不要大方分享秘密

冯梦龙在《醒世恒言》中写道："机不密，祸先行""舌为利害本，口是祸福门"，意思是说，秘密一旦被泄露，就会招致祸害。交浅切莫言深，不管是自己的秘密还是别人的秘密，都不要大方地分享出来。

这样不仅容易给自己惹上麻烦，而且有可能导致朋友反目，得不偿失。

做人要真诚坦率，但要分清谈话的对象。若不想人尽皆知，就要懂得守口如瓶。要谨记，凡事只说三分话，一分真心、一分理解，还有一分，要留给距离。

不要大方许下承诺

人到了一定年纪，就应当沉淀下来。话别说太满，事别管太宽。

自己能力范围之内的忙，能帮就帮；超出自己能力范围的忙，切莫逞强。有的人为了所谓的"面子"，打肿脸充胖子，大方许下承诺却无法做到，后果是既耽误了事情，又辜负了信任，甚至可能使一段关系走向破裂。别把自己的善良错付于人，更别为了面子去许诺无法兑现的诺言。

合理拒绝，既是对自己的负责，也是对他人的负责。

不要大方借出钱财

赚钱不易，但很多人舍得给家人花，舍得给朋友借。

关系好的朋友不问多少，不写借条，不问用途，一股脑借出去；关系一般的半推半就，生怕别人嫌自己小气，得罪人。

把你当朋友的人，真正遇到难事才会找你，但这种情况就一两次，因为怕你为难，怕谈到钱伤感情。没把你当朋友的人，三番五次找你。今天找你帮忙，明天手头不宽裕，能占一点便宜是一点。

不懂感恩的人，心里会这么想：这次借钱这么容易，下次缺钱还能找你。这就会拔高他们对你的期待值，借出的钱不仅很难要回来，反复讨要还容易得罪人。

俗话说，帮困不帮懒，救急不救穷。钱不是不能借，但要分清怎么借。关系再好，借钱时也要问清用途。拿不定对方人品时，不借不是什么大问题。

不要为不值得的人浪费时间精力，你的善良，要给值得的人。

不要大方原谅伤害

作家纪伯伦曾说，"一个伟大的人有两颗心：一颗心流血，另一颗心宽容。"

宽容也好，原谅也罢，都是有原则、有底线的。没有原则的宽容，是一味地纵容；而没有底线的原谅，只会带来无尽的伤害。你的大方原谅、轻易妥协，只会让别人觉得你软弱可欺，从而更加不尊重你。

人生路上，大方应有度。如若在一段感情中，对方总是利用你、算计你，那么，你应该反省，进而改变了。

对每个人来说，所有的原谅，都是有条件的。千万不要为不对等的关系，百般讨好、委曲求全。

让人瞬间清醒的 3 个社交真相

社交焦虑，源自内心恐惧；克服社交焦虑，要学会忠于内心。

你的付出，可能 50% 是没用的

不是所有的真心都能换来真情

有作家说："我们东奔西走，付出越来越谨慎，经不起时间浪费；真心越来越难得，耗不起日日夜夜。"人生路上，我们会结识形形色色的人，但不是所有人都值得深交。人心换人心，换不来就转身。

人到了一定年纪，虚情假意的朋友就不必深交了，不值得的关系，就不必勉强维系了。

大多数社交，都是无效的

冯骥才说："平庸的人用热闹填补空虚,优秀的人以独处成就自己。"

思想贫瘠的人，热衷于那些无用的、低质量的社交。优秀的人，懂得割断没必要的社交，把时间和心思花在有意义的事情上。因为他们明白，"热闹"的交际往往是空洞无物的，它只会浪费你的时间，消耗你的精力，除此之外并无他用。

不是每一个人都懂得知恩图报

有时付出的越多收获不一定越多。也许过多地付出，得来的反而是别人的不尊重。所以，别做一个总是委屈自己，成全别人的老好人。

善良有尺，忍让有度。只有如此，才能在帮助别人的同时，保护好自己。否则，你在别人眼里，很可能成为愚蠢的存在。

你强的时候，运气最好

社交场上一个永远的真相是，你有用的时候，朋友最多。

有作家说："就算再不计较的人，潜意识里也藏着一杆秤，暗暗衡量一个人是否值得交往，默默盘算一个人是否对自己有用。"

社交的目的是互惠共赢，你不优秀的时候，认识谁也没用。社交也需要势均力敌、旗鼓相当、实力对等才能相互吸引，长此以往地相依相惜。

边界感决定人际关系的高度

三毛在散文《简单》中写道，我避开无事时过分热络的友谊，这使我少些负担和承诺。我不多说无谓的闲言，这使我觉得清畅。我当心地去爱别人，因为比较不会泛滥。我不求深刻，只求简单。

越长大才越明白，什么叫君子之交淡如水。在人际交往中，有边界感的人总给人如沐春风的感觉。

保持合适的距离，明晰自己的边界，才能拥有简单的人际关系，活得轻松自在。

看清一个人的最好方式

与人交往，第一步是识人。四种方法，告诉你如何看清一个人。

眼界格局，看做事

网上曾有一个热议话题："一个人最靠谱的表现是什么？"其中有个回答："能扛事。"所谓能扛事，就是遇事不逃避，虽千万人吾往矣；难事不抱怨，临大难而不惧；做事想在前，吾将上下而求索。

人与人之间，最重要的便是信任，而信任来自双方的坦诚，彼此放心。那些做事让人放心的人，往往也是有担当、有眼界、有格局的靠谱之人。

正如作家狄更斯所说:"世界上能为别人减轻负担的,都不是庸庸碌碌之徒。"让人放心的人,才能尽得人心,拥有充满闪光的人格魅力。扛得住事的人,才能越走越顺,建立更辽阔的生命格局。

修养谈吐,看吃饭

有素养的人吃饭时,总是温声细语,在公共场合顾及他人的感受。不会开没有分寸感的玩笑,也不会因为对菜品的不满意,而对服务员大声埋怨和指责。在饭桌这个方寸之地,藏着众生百相。

有人会因为一顿饭吃出感情,有人会因为一顿饭失去朋友。

人的教养和谈吐,体现在一餐一饭,一言一行之中。饭局上,真正能让人觉得尽兴的,不是菜的档次,而是宾客的层次。层次越高,说话越有分寸感,谈吐不凡中体现其修养的气度,大家一起吃饭,自然如沐春风。

对于金钱的态度,见人品

有一个穷秀才进京赶考,奈何身无分文。于是,临行前他向当地财主借了钱,并写下欠条,承诺回乡后一定偿还。不曾想,财主家中失火,烧光了大半个屋子,借据也被烧得干干净净。秀才回乡后,家人都劝说,反正借据没有了,财主家那么有钱也不差这一笔。秀才回答道:"别人手里的借据没了,但我心里的借据还在,我不能昧着良心做事,钱是一定要还的。"不久,秀才还给财主双倍借款,以感激他的帮助。一时间,秀才成了远近闻名的诚信表率,得到邻里的广泛称赞。

孔子曰:"人而无信,不知其可也。"还钱,不仅能检验出一个人的信用程度,更能看出他的人品。坚持诚信的人,才值得交往。

落魄时,可以看清一个人的真心

人这一辈子难免会经历风风雨雨、起起落落,当你得意时,身边的人都带着笑脸,为你锦上添花。那是因为,你的光芒和荣耀也许能给他们带来利益。

但当你落魄的时候,身边人的态度或许才是最真实的。真正的朋友,绝不会在你处于低谷时,选择冷眼旁观。

落魄时,非但不帮忙,还恨不得踩上你两脚的人,离他远点。落魄时，愿意安慰你，为你雪中送炭的人，要真心相待。

俗话说："事不出，不知谁近谁远；人不品，不知谁浓谁淡。"你处于人生低谷时，还愿意搭把手的人，无论如何请深交。

别高估人际关系，
别低估人性规则

人生如旅，在前行的过程中，有人上车，也有人下车。你以为能陪伴一生的人，却意外在中途下了车，头也不回，留下你一个人孤独地眺望着风景。你和他，自此成为最熟悉的陌生人。

不要高估你和任何人的关系

一个人成熟的标志之一，就是明白每天发生在自己身上的99%的事情对于别人而言毫无意义。

著名表演艺术家英若诚生长在一个大家族中，日常都是几十个人在大餐厅用餐。小时候，有一天他突发奇想，决定跟大家开个玩笑，把自己藏在饭厅的柜子中,想象着大家找不到自己时的紧张与慌乱。然而,无论是家人,还是关系多么密切的亲朋好友,酒足饭饱后都各自离去,根本没人注意到他的缺席。饥饿又沮丧的他如霜打的茄子般,灰溜溜地走出柜子,吃些残羹剩饭。从那以后,英若诚就告诉自己:永远不要高估你和任何一个人的关系,否则会大失所望。

在与别人,即便是与自己最亲近的人交往中,也应该认识到他们是从自己的角度看待生活的,不应该期望任何人为了别人的生活而改变他的生活。每个人,终究是独立的个体。

无论在何种关系里,处在何种地位上,都不要把自己看得太重。这世上没有谁离不开谁,有时候,一个转身,就形同陌路。

人与人相处,基本的心态莫过于亲疏随缘,爱恨随意。与其纠结如何处理好你和他人的关系,倒不如学着过好自己的生活。

别把一切视为理所当然

现实生活中有的人,总是将婚恋关系、亲子关系等人际关系看得天经地义,当了丈夫,觉得妻子天经地义要照顾自己;做了父亲,觉得孩子要无条件地尊敬自己;谈了恋爱,觉得爱人要永远爱自己。

可这世上没有一件东西是我们可以理所当然得到的。所以，对待任何关系都要保持一颗谦卑之心，别把一切都视为绝对和必然。当我们把对他人的期待值放低，也许能获得意外之喜。

把心态放平，把期待降低，你会发现，我们的生活以及人与人之间的关系都会变得更加平和，也会少了很多的失望和难过。

放下自己，仰望星空

做人，别把自己看得太重。常言道，一山还比一山高，强中自有强中手。只有适时归零那颗高高在上的心，学会放空自己，你才能时刻自省，不断进步。

放下自己，你看见的便是一望无垠的星空。

再好的关系，
也不要忽视这些底线

关系的界限往往决定了它的时限。想让感情长久，需要把握好分寸感，别轻易试探人心。

关系再好，也不要忽视这四条底线。

不轻易翻旧账

与身边的人闹别扭时，最怕的就是翻旧账。翻旧账就像是把正在愈合的伤撕开，再往上面撒盐。不仅解决不了问题，而且会让负面情绪像滚雪球般越来越大，直到把生活撞得千疮百孔。凡事过往，谁没有一些失误，总翻旧账早晚会结仇。

其实，旧账本是往事一桩，只是在我们情绪糟糕的时候，会被无限放大。真正可怕的不是旧账，而是我们无法掌控的负面情绪。要知道，发泄情绪是本能，管理情绪是本事。

假如一时有过不去的难关，也不要在生气时提起，而是等心情平和、气氛融洽时，再交心谈一谈。真正聪明的人，"记忆力"都很差，只记得现在的事情，只解决眼前的矛盾。

解决一事，释怀一事，不纠过往，只看现在。这才是一段关系长久安稳之道。

不轻易涉及金钱

对待金钱的态度是检验人性的试金石。很多关系，一旦涉及金钱和利益，就容易变味，甚至会成为压力和负担。

跟亲戚谈钱，要明算账，这其实是对亲情的保护。那些仗着血脉亲情占尽便宜的人，迟早会落得众叛亲离的下场。

跟朋友谈钱，要讲自觉。若想让友情轻松纯粹，尽量避免金钱往来。这并不代表朋友之间就不能有任何经济关系，而是我们要经常提醒自己。

实在遇到困难时，也要谨慎选择可以借钱的对象，怀揣感恩之心，做好应有的约定，并及时兑现。哪怕只有几百元，都是一份值得被铭记的恩情和信任，别辜负他们。

关系归关系，金钱归金钱，心里一定要拎得清。

不戳人痛处

人心脆弱，经不起伤害；人情淡薄，经不起贬损。关系再好，也不能恶语伤人，更不能常戳别人的痛处。

我们总是习惯对陌生人彬彬有礼，对熟悉的人"畅所欲言"。这样做看似说话直爽，实际只会让身边的人感到心寒。

有些话说不得，多一句不如少一句；有些话，可说可不说，那便干脆不要说；有些话，你不说，我不问，这就叫分寸。

例如，对长辈，多问健康，少问儿女；对同辈，多道辛苦，不问收入；对小辈，多夸成长，不问成绩。

说话有分寸，相互尊重，相互体谅，大家都轻松。

不过度猜忌

人与人之间的交往最怕猜忌,多少友情,因为疑心分崩离析;多少恋人,因为怀疑分道扬镳。

有的人生性敏感,无心的一句话就在心里种下了刺。面对这种情况,揣测一旦过了头,就会对朋友心生猜忌,甚至记恨在心。朋友之间相处贵在"舒服"二字,太过敏感只会把简单的事情变复杂;朋友之间的关系贵在"信任"二字,太过猜忌只会把信任消耗殆尽。凡事不过分解读,心里有了想法便主动沟通,排解心中的疑惑,才能让感情更为长久。

信任可贵,难在真心。一朝拥有,不应辜负。

弥足珍贵的友谊：
无言付出，温暖以待

真正的友谊弥足珍贵，需要在彼此付出、相互磨合中好好珍惜。

人与人理想的相处模式

尊重是标配

这个世界上，每个人的经历都不一样，不必求同，但求互相尊重。

与人交往，我们要做的第一件事就是给予对方足够的尊重。尊重别人的兴趣，尊重别人的"三观"，尊重彼此的差异。

只有你尊重别人，别人才会尊重你。

靠谱是高配

有这样一句话:"真正交朋友要找靠谱的人,聪明的人只能聊聊天。"

什么叫靠谱?有人曾给出一个精辟的回答:处处有交代、件件有着落、事事有回音。不靠谱的人,永远只顾嘴上应承,却总是事无着落。

靠谱,说起来简单,落实下去复杂;听起来像感觉,做起来是原则。真正靠谱的人,都拥有让人放心的能力。

厚道是高配

漫漫人生路上,我们会与许多人相识相知。可只有与人品好的人交往,感情才会随着时间的沉淀变得更加深厚而稳固。

相处,靠缘分;深交,看人品。为人厚道,品行端正的人,值得我们深交一辈子。

换位思考是与人相处的至高境界

不要轻易指责人

一个人真正成熟的标志之一,就是发觉可以责怪的人越来越少,理由很简单,人人都有自己的难处,而你不一定懂他们的生活。

与人相处时常换位思考，便会多一分理解，多一分包容。当你对别人温柔以待，别人也会赠你以春风。

心里装着别人

真正善良的人，心里总是装着别人。

人活于世，没有谁是一座孤岛，人与人之间深度的连接，无非是试着换位，多体谅对方的难处。

为别人打伞

作家沈从文当年一心追寻自己的文学梦，从老家来到北京后，却四处碰壁：因为没有专业系统的知识，通不过升学考试；试图通过写稿谋生，寄出去的作品却都石沉大海。

他居住在一间储藏室改造的小房子里，又冷又潮，经常是吃了上顿没下顿，向相识的友人写信求助，大多杳无音信，唯有郁达夫，循着信上的地址找上门来。郁达夫见到的是一间低矮简陋的房子，连多余的家具都没有。大冬天的,屋里没有炉子,沈从文只穿着单薄的衣服,用被子裹着双腿在一张破木桌子上写作。见此情景，郁达夫想起自己年少时的穷苦，初入文坛时的窘迫，不由得眼眶一湿，心中悲伤难忍。

他花钱请沈从文吃了一顿饱饭,临别时,又将身上所带的钱全数留给了沈从文。往后的日子,郁达夫依然时不时地接济沈从文,还介绍自己的友人跟他认识。

多年以后,沈从文出版《从文小说习作选》时,在代序中满怀感激地写道:"这十年来没有他们对我的种种帮助和鼓励,这本集子里的作品不会产生,不会存在……"

自己蹚过污浊泥泞,却依旧对他人施以援手,才是世间高级的善良。

好的关系:
相互滋养、相互成就、彼此不累

"友谊是人生的调味剂,也是人生的止痛药。"一个人能走多远,要看我们拥有什么样的友谊。

余生,多靠近滋养你的人,与优秀的人前行

与优秀的人前行,能激发潜能,催人奋进。

一位教授分享过自己从"学渣"变为"学神"的故事:当年她刚考入清华,初次离家的不适,人生道路的迷茫,繁重学习的沉闷,都压得她喘不过气来。在期中考试时,面对完全看不懂题意的高数试卷,她很崩溃。于是,在大一暑假,分数惨不忍睹的她决定留校补习。

后来，与学霸同窗的相遇，改变了她。同窗对未来的规划很有想法，她心甘情愿追随：一起去图书馆自习、考托福，进实验室搞科研、找单位实习……一路相伴，她不仅逆袭成了高分"学神"，而且找到了人生奋斗的目标。

多年后这位教授感叹，因为她，我的清华岁月五彩斑斓，还让外人看来似乎成绩斐然。天晓得，我只是一路跟着她的方向跑。"

真正优秀的人，不一定八面玲珑，但必定人品端正，做事实在。这种品质自带安全属性，让人倍感放心。而且，优秀的人在关键时刻，往往能顶上去，发挥定海神针的作用。即便他真的力所不及，也会及时求助，不会误事。

人生长河暗礁无数，和优秀的人共事能避免触礁，安全抵达一个又一个胜利的彼岸。

成年人舒服的关系：欣赏彼此的好，懂得彼此的苦

有人说，我们的一生可能会遇到8260000多人，会打招呼的是39000多人，会和3600多人熟悉，会和200多人亲近，但最终，都会失散在人海。

张小娴说过一句话,真希望有个人,在我说没事的时候,知道我不是真的没事;在我强颜欢笑的时候,知道我不是真的开心。

一生路漫漫,如果能有个相知相惜的朋友同行,是件多么幸福的事情。你体谅我的难处,我懂得你的辛苦,便是这世间最舒服的关系。

贾平凹在《孤独地走向未来》里写道:"好多人在说自己孤独,说自己孤独的人其实并不孤独。孤独不是受到了冷落和遗弃,而是无知己,不被理解。"

泰戈尔说过:"爱是理解的别名。"

大千世界,被人懂,是幸运;有人懂,是幸福。

马克思和恩格斯是一生的挚友,他们的友谊长达40年,堪称举世无双。列宁曾这样赞叹:"古老传说中有各种非常动人的友谊故事。欧洲无产阶级可以说,它的科学是由两位学者和战士创造的,他们的关系超过了古人关于人类友谊的一切最动人的传说。"马克思与一生的革命挚友恩格斯,共同创立了马克思主义学说。

朋友之间的友谊,不是牺牲,不要羁绊,而是彼此付出,彼此成就。这份友谊,可以让我们更加热爱生活,成为更好的自己,成就更圆满的人生。

人际交往中的黄金法则

心理学家阿德勒曾说:"一切烦恼都是人际关系的烦恼。"

这4条黄金定律,让你处理人际关系更加得心应手,少走弯路。

吸引力法则

生活中,不必去刻意迎合别人,因为相似的人自然会互相吸引。有道是:"与凤凰同飞,必是俊鸟;与虎狼同行,必是猛兽。"

与人相处,贵在志同道合。吸引力法则是指你是什么样的人,就会遇见什么样的人。

输赢法则

互撕，只会输；互帮，才会赢。

俗话说："成人为己，成己达人。"人和人之间互相帮扶，远比争输赢、较高下有意义。

因为，利人也是利己，为别人搭桥也是给自己铺路。

人与人互相伤害，只会两败俱伤，全都输得一败涂地。人与人互相帮扶，大家才能行稳致远，实现双赢。

亲疏法则

亦舒说："人们日常所犯最大的错误，是对陌生人太客气，而对亲密的人太苛刻。"

因为你知道，对外人不客气，他们会离开你甚至伤害你。如果在亲人面前发脾气，大都会得到谅解，甚至会反过来关心。所以，我们总对外人和颜悦色，对亲人却无所禁忌。可你要明白，关系越亲近，对你越包容，才越值得你珍惜。

史铁生在双腿瘫痪后，常常对母亲发脾气，说很难听的话。母亲因此伤心难过，却没有丝毫怨言，依旧劳心劳力地照顾他。直到母亲因为肝癌去世，史铁生才悔恨不已，可是已经无济于事了。

所以，无论什么时候，都要把自己最好的情绪留给最亲近的人。在外客气，在家和气，知远近，明亲疏，善待亲人，才能不留遗憾地过好这一生。

底线法则

为人处世应该有些棱角，而不是一味讨好和付出。

弗洛伊德说："任何关系中，我们都要敢于用愤怒守住自己的界限。"互相理解可以，得寸进尺不行。什么时候该进，什么时候该退，什么事情能忍，什么事情是底线，自己心里要有数。宽容留在该宽容时候，触碰到底线，就别吝惜你的锋芒。

做人，除了会说"好的"之外，也可以适时说"不行"。当你有原则时，别人才会尊重你的底线。

《哲思·交往卷》

《哲思·交往卷》